LES JEUX OLYMPIQUES

HISTOIRES INSOLITES ET SECRÈTES

LES JEUX OLYMPIQUES

HISTOIRES INSOLITES ET SECRÈTES

SYLVAIN LETOUZÉ

City
Document

Retrouvez tous les titres City Editions :

www.city-editions.com

Couverture : DR / Studio City
ISBN : 978-2-8246-2367-2
Code Hachette : 76 5432 1

Collection dirigée par Christian English & Frédéric Thibaud
Catalogues et manuscrits : city-editions.com

Dépôt légal : Juin 2024

Sommaire

Préambule

Avant, pendant et après les Jeux

Dire que les Jeux olympiques font partie du patrimoine mondial de l'humanité est tombé dans le langage commun tant il s'agit d'une vérité incontestable. Moralement et physiquement. Si l'on remonte dans l'histoire de l'homme, la première mention de jeux sportifs remonte à Homère, dans le chant XXIII de l'*Iliade* ; il s'agit de jeux organisés par Achille pour honorer son ami Patrocle, tué durant la Guerre de Troie. On est là au VIIe siècle avant Jésus-Christ. D'autres jeux, les Jeux Héréens sont venus jusqu'à nous, depuis le VIe siècle avant Jésus-Christ. Ils se déroulaient tous les quatre ans à Olympie, en Grèce, étaient réservés aux filles et avaient lieu deux semaines après la fin des Jeux olympiques antiques. Des jeux antiques que l'on retrouve aujourd'hui dans plusieurs récits apocryphes, dont ceux de Hippias d'Élis, et qui nous amènent jusqu'au début de notre ère. Pas plus loin. La suite n'est qu'incertitude et dépourvue de traces de tels rassemblements sportifs. En France, il faut attendre la Révolution pour voir réapparaître l'Olympiade de la République, et encore attendre jusqu'en 1830 pour que le mot « sport » émerge. À l'instar de nombreuses activités, ce sont les Britanniques qui tentent de codifier un retour à des compétitions proches de celles lues dans l'Antiquité.

Mais c'est un Français, Pierre de Coubertin, qui a pris une longueur d'avance sur tout le monde. D'abord en étant à l'affût d'une tentative de relance venue de Grèce, celle de Evángelos Záppas, riche entrepreneur qui recrée une compétition de « concours olympiques » avec deux éditions, en 1859 et 1870, réservées aux Grecs, nommées Jeux panhelléniques, qui ne reçoivent pas l'accord du comité zappien. Mais leur déroulement tourne à la cacophonie jusqu'en 1888, où seuls 32 athlètes s'inscrivent. Le moment est venu de frapper fort pour Pierre de Coubertin, qui, en plus de cet exemple grec, voit sa première expérimentation datant de 1839 au petit séminaire de Rondeau, près de Grenoble, gagner du galon. Au programme de ces « Promenades olympiques », des concours littéraires, de courses à pied, de jeux de boules et de courses en sac. Chaque classe est représentée par ses couleurs ; les codes des futurs JO y prospèrent, notamment la future devise, *Citius, Altius, Fortius*, inventée par Henri Didon, vainqueur de l'édition 1849.

En 1892, Pierre de Coubertin se lance. À l'université de La Sorbonne, à Paris, il profite des cinq ans de l'Union des Sociétés françaises de sports athlétiques pour se lancer dans un plaidoyer en faveur de la rénovation des jeux antiques, terreau, selon lui, de l'importance future de l'éducation physique dans les écoles françaises. Les graines sont semées, mais il faut encore attendre deux ans avant que leur récolte se fasse. Le 23 juin 1894, au soir du dernier jour du congrès de Paris, l'idée de Coubertin est enfin validée, et prend une ampleur internationale avec la présence des rois Léopold II de Belgique et Constantin Ier de Grèce. Le Comité International Olympique né, un

Grec, Dimítrios Vikélas, en prend la présidence. Athènes est désignée ville hôte pour faire renaître les Jeux en 1896.

À l'aube du XXe siècle, et à l'instar du Tour de France cycliste ou du football qui se structure vers la création de la Coupe du monde, le sport va lui aussi avoir son porte-drapeau, sa lumière quadriennale, son rendez-vous d'ampleur planétaire pour promouvoir toutes les pratiques : les Jeux olympiques. Et aussi rapidement que ses petites sœurs, la compétition olympique devient incontournable. Au rythme de la société, de ses progrès, de ses travers, mais aussi de ses composantes politiques et économiques, les Jeux deviennent en quelques années un enjeu. En quatre éditions seulement, jusqu'à ce qu'éclate le premier conflit mondial, recevoir la quinzaine olympique passe d'une charge à une vitrine sans égale. L'entre-deux-guerres ne fait que renforcer le mouvement olympique, et le Comité International Olympique ne tarde pas, les années 1960 passées, à devenir un empire politico-financier, comme la FIFA pour le football.

Plus que jamais, les médaillés sont des héros nationaux, et le classement des nations une source de supériorité géopolitique. Avant les Jeux, il faut désormais lever des fonds colossaux ; pendant les Jeux, il faut affirmer la puissance de son pays ; après les Jeux, il faut assurer un héritage. Tout cela fait des Jeux olympiques, avec la Coupe du monde de football et le Tour de France cycliste, l'une des trois plus grandes compétitions planétaires, et la plus grande tous sports confondus. Seuls les deux conflits mondiaux les ont stoppés. La crise du Coronavirus n'aura fait que les repousser. Mais à chaque fois, l'olympisme résiste. Au nom du sport. Au nom de l'humanité.

1896

Athènes (Grèce).
La renaissance

Du 6 au 13 avril 1896, à Athènes, en Grèce
176 athlètes, 12 pays, 10 disciplines pour 43 épreuves

Relancés officiellement le 23 juin 1894 après plusieurs années de travail de reconstruction menées par le baron français Pierre de Coubertin, les Jeux olympiques modernes naissent. Ils ne sont que l'issue de plusieurs tentatives, comme les Jeux scandinaves, les Jeux de Zappas ou encore l'Olympiade de la République. Les 43 premières épreuves au programme réservent déjà de sacrées aventures, notamment dans le marathon, dans le tir, où une fratrie fait merveille, ou encore en gymnastique, épreuve grâce à laquelle un gamin de 10 ans fait la une.

Payés avec du coton et des céréales – été 1895

Si Pierre de Courbertin est resté dans l'histoire comme le créateur des Jeux olympiques modernes, le Français

a bien été aidé dans sa tâche par un entrepreneur grec totalement inconnu du grand public. En 1894, lors de son congrès de rétablissement des Jeux à l'université de La Sorbonne, le baron de Coubertin a attribué la renaissance des épreuves à leur pays berceau, la Grèce. Mais en proie à de graves déficits, le pays ne peut surmonter la rénovation du Stade panathénaïque, la création du Vélodrome de Néon Phaléron, ou encore l'hébergement des délégations. Face à cette crise annoncée et cette faillite assurée, le maire d'Athènes Timoléon Filimon, qui est également président du comité d'organisation des Jeux, se rend en Égypte pour rejoindre un ressortissant grec expatrié depuis des années. Son nom : Georgios Averoff. Né à Metsovo, dans le nord-ouest de la Grèce, Averoff a émigré très tôt pour bâtir un empire dans la vente de coton et de céréales au pied des Pyramides. Attaché à sa terre natale, il y a ensuite fait construire de nombreuses écoles, comme sur sa terre d'accueil, en Égypte. Timoléon Filimon convainc le riche homme d'affaires de l'aider dans sa quête de fonds pour lotir Athènes des infrastructures nécessaires à l'accueil des Jeux olympiques de 1896. Il revient d'Égypte avec la bagatelle d'un million de drachmes de l'époque (soit plus de 6 millions d'euros au XXIe siècle) pour financer le bâti et l'accueil. Statufié pour ses largesses à l'entrée de la ville olympique, Georgios Averoff, qui décède en 1899, voit son nom accolé au navire amiral de la flotte grecque mis en service en 1912, cuirassé dont il avait participé au financement.

Viré de Harvard, entré dans l'histoire – 6 avril 1896

C'est par l'épreuve du triple saut que le programme des premiers Jeux olympiques de l'ère moderne commence, ce 6 avril 1896. Après la cérémonie d'ouverture qui s'est déroulée à 15 heures 15 et au milieu des qualifications des courses de sprint, l'épreuve de triple saut prend son envol, et c'est un Américain qui se distingue par un essai mesuré à 13,71 mètres. Son nom : James Connolly. Arrivé à la dernière minute sur le site olympique car il avait confondu calendrier orthodoxe et grégorien, le natif de Brookline, dans le Massachusetts, s'arroge la médaille d'or devant le Français Alexandre Tuffère et le Grec Ioánnis Persákis. Durant toute l'épreuve, les supporters du pays hôte ont tout fait pour empêcher James Connolly d'aller décrocher le titre : le roi des Hellènes Georges Ier est même descendu sur la piste pour sommer aux juges de se pencher sur la course d'élan de l'athlète d'outre-Atlantique. Mais ces derniers confirment le podium et la victoire de Connolly, qui déclare immédiatement : « Les Hellènes ont vaincu l'Europe ; moi, j'ai vaincu le monde entier. » Et bien plus que ça même, puisque dans les jours suivants, il est médaillé d'argent en saut en hauteur et de bronze en saut en longueur. Au-delà de devenir officiellement le premier médaillé d'or de l'histoire des Jeux olympiques modernes, il devient surtout l'égérie de… l'université de Harvard, là où il était étudiant avant les Jeux olympiques d'Athènes.

Le doyen du prestigieux établissement invite alors le jeune étudiant à recevoir un maillot, plus haute distinction pour une carrière sportive dans l'Université américaine. Mais au moment de l'obtenir, James Connolly refuse de pénétrer dans l'enceinte de Harvard. La raison ? Au moment de s'engager dans l'aventure olympique, l'institution n'a jamais voulu aménager l'emploi du temps du champion pour lui permettre de s'entraîner. Contraint de quitter Harvard, Connolly a financé son voyage en Grèce grâce à son club de Suffolk, qui organise des ventes de pâtisseries dans son village. Mais le camouflet que reçoit l'université privée basée à Cambridge, près de Boston, n'est pas encore complet. Après sa brillante carrière d'athlète, il devient écrivain, signe 25 romans et plus de 200 nouvelles sur le monde maritime dont il est passionné, devient journaliste, reçoit le prix Pulitzer et se voit nommé *doctor honoris causa*, plus haut titre accordé… par l'université de Harvard.

Le marathon en charrette – 10 avril 1896

Spyrídon. Voici un prénom qui, associé au patronyme Louis, restera à jamais gravé dans l'histoire de l'olympisme comme étant celui de l'athlète ayant remporté le premier marathon de l'histoire des Jeux modernes, le 10 avril 1896, à Athènes. Mais un autre Spyrídon, nettement plus connu et honoré, a marqué l'histoire des Jeux olympiques. À l'arrivée de ce fameux marathon, si Spyrídon Loúis l'emporte devant Kharílaos Vasilákos et Spyrídon Belókas, deux autres Grecs, la fête dans le pays hôte est totale envers les héros. Mais ce premier podium ne tient pas longtemps. Quelques heures après l'arrivée,

c'est un Hongrois, Gyula Kellener, quatrième, qui change le cours de l'histoire et de ce podium exclusivement grec en se voyant classé troisième, au bénéfice de la disqualification de Spyrídon Belókas. La raison ? Le jeune garçon de 19 ans avait doublé son adversaire hongrois dans les derniers kilomètres… assis dans une charrette ! Si Spyrídon Loúis, le vainqueur, est glorifié par tout un pays, les équipiers de l'autre Spyrídon le déshonorent en lui arrachant de sa chemise, le bouclier emblématique du pays. Le roi Georges Ier de Grèce offre sa propre montre au Hongrois Kellener en guise de dédommagement national.

Jeunesse triomphante – 9 avril 1896

Quand les Jeux olympiques d'Athènes s'ouvrent le 6 avril 1896, ce sont 12 pays et 179 athlètes identifiés qui ont répondu présents pour jouter dans une des 43 épreuves au programme. Parmi eux, un gymnaste de l'équipe de Grèce va inscrire son nom dans l'histoire du sport mondial. Si les Allemands dominent outrageusement les épreuves de gymnastique disputées dans le cadre prestigieux du Stade panathénaïque, Dimítrios Loúndras devient l'égérie de tout le pays hôte. Dans la compétition de barres parallèles par équipe, le jeune Grec exécute un superbe mouvement et permet aux siens d'arracher la troisième place du podium, synonyme de médaille de bronze.

Cent vingt-cinq ans plus tard, Dimítrios Loúndras détient toujours le record du plus jeune médaillé de l'histoire, car en ce 9 avril 1896, il est âgé de 10 ans et 217 jours, lui qui était né le 6 septembre 1885.

Illusion parfaite – 11 avril 1896

Cinq nations et 19 athlètes. Tel est le contingent de petites reines amené à disputer les six premières épreuves olympiques cyclistes de l'histoire moderne entre le 8 et le 13 avril 1896. Dans cette discipline, la France excelle avec deux champions qui s'arrogent la moitié des médailles à eux seuls : trois pour Léon Flameng (une de chaque métal) et trois (toutes en or) pour Paul Masson. La performance de ce dernier ne s'arrête pas à ces trois titres olympiques, car le natif de Mostaganem (Algérie) a réalisé ce triplé le même jour, le samedi 11 avril 1896, au Vélodrome de Néon Phaléron. Membre de la Fédération Vélocipédique Internationale, Paul Masson est célébré en héros, mais porte un lourd secret en lui. À 20 ans tout juste, le vélo ne permet pas à Masson de gagner sa vie ; surtout, le Comité International Olympique impose que tous les participants aux Jeux olympiques soient amateurs. L'appât des premières courses professionnelles et rémunérées a forcément attiré le champion tricolore, qui a trouvé un subterfuge lettré parfait pour se hisser jusqu'aux Jeux d'Athènes. À chaque course professionnelle qu'il disputait, il s'inscrivait sous le nom de Paul Nossam… anagramme qui n'a jamais été débusquée. Il faudra attendre septembre 1896 pour que le lièvre soit levé. Paul redevient Masson et choisit définitivement le professionnalisme.

TOUCHÉS COULÉS ! – 11 AVRIL 1896

À l'occasion de ces premiers Jeux de l'ère moderne, Athènes, la ville organisatrice, a toujours prôné le fait de profiter de ses infrastructures naturelles pour réaliser le maximum d'épreuves. Ainsi, l'épreuve de cyclisme sur route se déroule sur des voies parfois à la limite du carrossable entre la capitale grecque et Marathon, soit 87 km, et la natation a été transportée… en mer. Pas question de nage en piscine, mais de nage en eau libre. Emmenés au large dans un bateau, ce matin du samedi 11 avril 1896, les premiers nageurs olympiques modernes sont déposés à une première bouée et leur parcours est simple : rallier le rivage là où l'arrivée sera jugée. Pas moins de 20 000 spectateurs attendent sur la côte pour apercevoir les nageurs. Pendant 1 200 mètres, ces derniers jouent leur chance, mais les pertes sont énormes dans le contingent de prétendants et les abandons affluent. Le vainqueur, un Hongrois dénommé Alfréd Hajós ne prend même pas le temps d'exulter après dix-huit minutes de traversée et répond sans ménagement au premier journaliste se précipitant vers lui : « Le désir de survivre était plus fort que celui de gagner. » Mais pourquoi donc ces 1 200 mètres en mer Méditerranée ont-ils provoqué autant de dégâts sportifs ? Tout simplement parce que l'eau était à seulement 12 °C pour cette épreuve, température qui a transi la plupart des concurrents. Alfréd Hajós lui, avait été malin puisqu'il s'était enduit tout le corps d'une épaisse couche de graisse qui l'a protégé du froid.

Les frères Lucky Luke – 12 avril 1896

Depuis le 8 avril 1896, les épreuves de tir sont un formidable succès populaire dans ces premiers Jeux olympiques de l'ère moderne, à Athènes. Au centre de tir de Kallithéa, ce sont 39 tireurs qui s'affrontent avec des Grecs ultra-favoris, puisque présents au nombre de 28 ! Mais les locaux, s'ils remportent les médailles à la carabine à longue distance, n'en croient pas leurs yeux au moment de concourir sur les épreuves reines, notamment celle du pistolet d'ordonnance à 25 mètres. Car là, plus question de médailles ni de héros hellènes. Le dimanche 12 avril, c'est le drapeau américain qui flotte dans le ciel de Grèce. La raison ? Deux frères, John et Sumner Paine, dominent outrageusement la compétition et s'emparent des deux premières places. Lancés, les Américains doivent pourtant renoncer à doubler la mise dans l'épreuve de tir au pistolet vitesse à 25 mètres, leurs armes étant décrétées non conformes par les juges. Irrités, les deux frères refusent les armes proposées par les Grecs et déclarent forfait. Et pour cause. Équipés de revolvers Colt, John et Sumner Paine étaient largement supérieurs aux tireurs européens qui, eux, ne bénéficiaient pas encore de la technologie mise en place par la célèbre firme d'arme du Connecticut. Jamais sans mon Colt !

1900

Paris (France). Foire et bêtes à concours

Du 14 mai au 28 octobre 1900,
à Paris, en France
1 226 athlètes, 31 pays,
21 disciplines pour 95 épreuves

Dire que ces deuxièmes Jeux olympiques de l'histoire moderne ont bien failli tuer le mouvement olympique n'a rien d'usurpé. « C'est un miracle qu'il ait survécu à ces Jeux », dira même Pierre de Coubertin, tant les Jeux de Paris 1900 ont été éteints dans leur organisation par l'Exposition universelle tenue simultanément, et particulièrement incertains dans leur déroulement sportif avec, tour à tour, des centaines d'animaux morts au bois de Boulogne, des épreuves indigestes comme la natation à obstacles, ou encore des écrivains, champions olympiques. Heureusement, la légende des JO a pu continuer à se construire avec la première femme championne olympique, ou encore la révélation d'un certain Louis Renault…

Des Jeux qui ne le sont pas ! – 14 mai 1900

À l'heure d'ouvrir les Jeux de la deuxième olympiade de l'histoire moderne à Paris, le 14 mai 1900, rien ne laisse présager qu'un événement sportif mondial va se tenir dans la capitale française. Pas une mention Jeux olympiques sur quelque affiche de propagande ni sur aucun journal. Non, la France ne vit qu'au rythme de l'Exposition universelle de 1900, dominée par la naissance de la tour Eiffel, et se préoccupe peu des épreuves dites olympiques. Pourtant, ce ne sont pas moins de 58 731 participants qui vont concourir dans 477 épreuves du 14 mai au 28 octobre 1900, soit en cinq mois. Mais en réalité, ces Jeux ne sont que des « concours internationaux d'exercices physiques et de sports » tenus par Alfred Picard, commissaire général de l'Exposition universelle, en lutte avec Pierre de Coubertin. Le président du Comité International Olympique ronge son frein et donne un bilan nettement moins reluisant. Pour l'instance olympique mondiale, 31 nations sont représentées dans 19 sports, 21 disciplines et 95 épreuves. Un peu moins d'un millier d'athlètes sont officiellement enregistrés, dont la moitié sont français. Une telle différence s'explique uniquement par un accord entre les deux parties avant de débuter l'Exposition universelle. L'Union des sociétés françaises de sports athlétiques (USFSA), qui gouverne les activités sportives en France au début du xxe siècle, décide, pour régler le conflit, de contraindre le CIO à signer un accord pour que ces Jeux olympiques soient seulement intégrés aux concours de l'Exposition, sans jamais pouvoir être appelés comme tels, sous peine de ne pas pouvoir les organiser. Les Jeux de la deuxième olympiade ont été les plus longs ; ils n'ont pourtant jamais officiellement existé aux yeux de la ville organisatrice. Un comble.

Championne olympique sans le savoir – 3 octobre 1900

Les Jeux de la deuxième olympiade touchent à leur fin en ce mois d'octobre 1900, et leur échec dans l'esprit collectif est patent – la faute à l'impossibilité de les promouvoir sous leur nom réel, mais toujours accolés aux concours de l'Exposition universelle. En golf, c'est à Compiègne, dans l'Oise, que 22 sportives et sportifs se retrouvent pour disputer le « Grand Prix de l'Exposition 1900 » pour les 12 hommes en lice, et le « Prix de la ville de Compiègne » pour les 10 femmes présentes. Le 2 octobre, ce sont les hommes qui débutent : l'Américain Charles Sands, sociétaire du club de Yonkers à New York, remporte l'épreuve. Le lendemain, c'est au tour des dames de se présenter devant le parcours de neuf trous. En 47 coups, c'est une jeune Américaine de 18 ans, étudiante en art à Paris et concourant avec sa mère Mary pour le plaisir, qui l'emporte. Récompensée d'un bol en porcelaine de Saxe, Margaret Abbot regagne Paris, où elle vit pendant deux ans, le temps de remporter la Coupe Femina, ancêtre des championnats nationaux de golf, en 1902. De retour aux États-Unis, elle y élève ses quatre enfants, dont Philip Dunne qui deviendra réalisateur de film à Hollywood. Margaret Abbot meurt en 1955, sans jamais avoir su que ce fameux « Prix de la ville de Compiègne », remporté ce 3 octobre 1900, l'avait fait entrer à double titre dans les livres d'histoire du sport. Non seulement elle a constitué avec sa mère le seul duo mère-fille dans une même épreuve aux Jeux olympiques mais surtout, eu égard au fait qu'il n'y a pas eu de cérémonie spécifique de podium en golf, elle n'a jamais su que cette épreuve l'avait en réalité couronnée première championne olympique américaine de l'histoire.

À JAMAIS LA PREMIÈRE... – 11 JUILLET 1900

S'il ne fallait en retenir qu'une, Charlotte Cooper serait celle-ci. Élégante dame anglaise âgée de 30 ans en 1900, elle fait partie des six pionnières autorisées à prendre part au premier tournoi olympique de tennis féminin organisé à l'occasion des Jeux de la deuxième olympiade, à Paris. Avec Cooper, deux Françaises (Hélène Prévost et Marguerite Fourrier), deux Américaines (Marion et Georgina Jones) et une Polonaise (Hedwig Rosenbaum) se défient en trois tours à élimination directe sur les courts de tennis en terre battue de l'île de Puteaux, en bord de Seine. Lors de la finale, le 11 juillet 1900, Charlotte Cooper remporte la rencontre devant Hélène Prévost et devient la première championne olympique de l'histoire des Jeux dans une épreuve individuelle. Une récompense méritée et attendue pour celle qui est considérée comme une championne en Grande-Bretagne, puisque venant alors de remporter à trois reprises, lors des cinq années précédentes, le prestigieux tournoi de Wimbledon. Quelques jours avant ce premier titre olympique individuel, Charlotte Cooper avait déjà glané un premier titre, mais en double mixte, avec son compatriote Reginald Doherty, autre star du tennis anglais multiple vainqueur de Wimbledon.

Il a tout d'un grand ! – 25 juillet 1900

En plus du fait d'avoir accepté de force l'accord de fonte des épreuves olympiques dans les différents concours sportifs, techniques et artistiques, le programme des Jeux olympiques de Paris 1900 comporte plusieurs épreuves en sport automobile. Ainsi, on trouve six concours prévus, voitures de tourisme, de place, de course, ou encore poids lourds, mais la course la plus importante est organisée du 25 au 28 juillet 1900 et doit rallier Paris à Toulouse. Trois types de véhicules sont autorisés à prendre le départ, les « voitures », les « voiturettes » et les « motocycles ». 78 concurrents s'inscrivent, mais seulement 50 sont au départ et 18 sont classés à l'arrivée. Si Alfred Velghe remporte la catégorie reine des voitures et les 8 000 francs (31 000 euros en 2021) qui vont avec et que Georges Teste s'arroge celle des motocycles, ce sont la catégorie des voiturettes et son vainqueur âgé de 23 ans qui attirent le plus la curiosité.

En effet, c'est avec un véhicule entièrement créé par ses soins que ce jeune Parisien, passionné d'automobile depuis ses 14 ans, termine en tête le périple jusqu'au pied du Capitole, tandis que les autres lauréats bénéficiaient du travail de Mors et De Dion-Bouton, deux sociétés bien connues. Lui a tout imaginé de son véhicule, la R-Type A pesant moins de 400 kilos qui l'a conduit à la victoire pour quêter les 4 000 francs (15 500 euros en 2021) et la médaille de Vermeil offerts au premier. Après une année de développement et de courses, le jeune Louis Renault vient de remporter sa première course. Il est avec Marcel et Fernand, le troisième frère de la société Renault Frères, qui va rapidement grandir. Deux ans après cette victoire, Louis Renault présente le premier moteur Renault. L'histoire est en marche.

L'histoire belge ! – 31 mai 1900

Les concours d'équitation sont un moment très attendu des Jeux de Paris 1900. D'abord évoquées à Vincennes, les épreuves se déroulent sous la présidence d'un jury international sur un terrain de la place de Breteuil et sont organisées par la société hippique française. Pas moins de huit concours sont au programme des festivités, mais seulement trois sont mentionnés et reconnus médaillables par le Comité International Olympique ; les huit concours sont grassement rémunérés. Utilisée au quotidien, la popularité du cheval est encore mise en exergue pendant les quatre jours dévolus aux épreuves. Les cavaliers, tous issus des corps d'armée de leur pays, sont fêtés en héros. Ainsi, le 29 mai 1900, la Belgique remporte les deux premières places sur le parcours de 850 mètres en saut d'obstacles avec 22 difficultés à franchir. Le 2 juin 1900, le Français Dominique Maximien Gardères fait se lever les foules en conclusion des épreuves, remportant avec son cheval Canéla celle du saut en hauteur avec un franchissement d'obstacles mesuré à 1,85 mètre. Mais c'est le 31 mai qu'a lieu l'épreuve la plus incroyable de l'histoire du sport équestre aux Jeux olympiques. Le vainqueur est le Belge Constant van Langhendonck, et sa monture dénommée Extra Dry. Le couple remporte la médaille d'or du saut en… longueur à cheval ! Leur exploit : avoir bondi ensemble à une distance de 6,10 mètres. Soit moins qu'un saut humain.

Carnage au bois de Boulogne – 5 août 1900

À l'instar des épreuves d'équitation, celles de tir attirent les foules à l'occasion des nombreux concours sportifs de l'Exposition universelle, dont les épreuves olympiques de la deuxième olympiade sont souvent entremêlées. Si le tir aux armes de guerre se déroule à Versailles et le concours de ball-trap à Billancourt, le cercle de tir aux pigeons de Boulogne se voit confier l'épreuve éponyme. Pas moins de 198 tireurs venus du monde entier se sont donné rendez-vous au bois de Boulogne pour quêter les récompenses dévolues au vainqueur et la reconnaissance populaire qui va avec. Les épreuves commencent par une règle simple : le tireur stoppe son concours et entérine son résultat après le troisième volatile manqué. Très vite, le constat est terrible, et le Comité International Olympique, qui avait pourtant fait graver ses empreintes au revers de la plaquette remise au vainqueur, ne donne finalement pas son accord pour reconnaître l'épreuve comme olympique. Les pigeons vivants sont abattus sous les yeux des riverains. Les articles de presse d'alors rapportent que « les oiseaux estropiés se tordaient sur le sol, le sang et les plumes tourbillonnaient en l'air, et les femmes assises à côté sous leurs ombrelles étaient en pleurs », comme le stipule l'historien Andrew Strunk. Le bois de Boulogne est le théâtre d'un carnage ; ce sont plus de 300 pigeons qui jonchent le sol à la fin de l'épreuve. L'histoire retiendra que le vainqueur, le Belge Léon de Lunden, a remporté l'épreuve avec 21 pigeons abattus, et s'offre une véritable fortune puisqu'au-delà de la plaquette en argent ciselée, il reçoit 23 000 francs, soit la bagatelle de 89 000 euros d'aujourd'hui !

Parcours du combattant – 12 août 1900

Au lendemain de l'ouverture des épreuves de natation de ces Jeux olympiques de la deuxième olympiade à Paris, le public répond présent. Près de 3 000 spectateurs sont massés sur les rives de la Seine entre Asnières et Courbevoie pour découvrir et suivre les exploits des 167 nageurs inscrits, et notamment ceux du contingent majeur, celui de la France, avec 117 représentants. Mais sous le soleil et 25 °C de température, c'est une épreuve absolument dantesque qui va rester dans les mémoires. Après avoir suivi les divers 200 mètres, après avoir découvert une nouvelle nage encore jamais vue (le crawl) avec le Hongrois Zoltán von Halmay, et après avoir vécu un 1 000 mètres superbe, c'est un autre 200 mètres qui fait fureur. La raison ? Le règlement très particulier mis en place par les organisateurs et le Comité International Olympique. Les conditions de la course sont incroyables : les concurrents doivent sortir de l'eau, escalader un poteau, monter puis redescendre du bateau où siègent les juges, avant de passer sous la coque d'une péniche et d'en finir. La course est un retentissant succès populaire, les trente participants et les trois pensionnaires du podium final sont célébrés comme des héros, à l'image de l'Australien Frederick Lane, médaillé d'or. Malgré ce succès, ce sera pourtant la première et dernière fois que l'on verra un « 200 mètres de nage avec obstacles » au programme des Jeux olympiques.

Plume olympique – 16 juillet 1900

Pour la première fois, les Jeux olympiques accueillent une épreuve de tir à la corde dans leur programme. En compétition, seulement deux équipes s'inscrivent : la France, qui évolue à domicile sous l'égide du Racing Club de France, et les États-Unis. La date de l'épreuve est fixée au 16 juillet 1900 au stade de la Croix-Catelan, un des stades où évoluent justement les athlètes du Racing Club de France. Mais dès les premières levées du concours, les spectateurs et athlètes français protestent, puisque les Américains évoluent avec d'étranges chaussures à clous qui les avantagent. Au moment de reprendre le concours après des heures de palabres avec les juges, si l'équipe de France est toujours au complet, celle des États-Unis a fondu comme neige au soleil, puisque trois de ses membres, également lanceurs de marteau, sont partis disputer leur épreuve de prédilection. C'est alors qu'une équipe de Scandinaves accepte de remplacer les Américains au pied levé. Cette équipe se bâtit en quelques minutes avec des Suédois et des Danois venus en spectateurs, mais pas seulement. Dans cette équipe concourt Edgar Aaybe, qui n'est en rien un sportif. La raison de sa présence à Paris est tout autre. Le jeune Danois est en réalité un journaliste envoyé en France pour couvrir les épreuves et divers concours de l'Exposition universelle. En quelques minutes, son destin bascule. Il accepte d'intégrer l'équipe scandinave, et après deux joutes face aux Français, il devient, avec cette équipe hétéroclite, champion olympique de tir à la corde !

1904

Saint-Louis (États-Unis).
Ces Américains à qui l'on cède tout

Du 1er juillet au 23 novembre 1904,
à Saint-Louis, aux États-Unis
650 athlètes, 15 pays, 17 disciplines pour 91 épreuves

La terrible et quasi létale leçon, vécue par le Comité International Olympique à Paris en 1900, n'a pas été retenue, puisque les Jeux olympiques de Saint-Louis sont organisés eux aussi en même temps que l'Exposition universelle éponyme, et eux aussi sont un fiasco. Là encore, les événements ahurissants ne manquent pas. Le chef indien Geronimo présent, des jeux racistes organisés en parallèle, un bassin empoisonné ou encore des apprentis sorciers qui dopent les coureurs, tout cela dans une ambiance qui n'a rien à voir avec l'esprit olympique. Bref, les États-Unis ont tout tenté, le CIO leur a tout permis. Sans broncher. Heureusement, Easy George et Albert Corey entrent dans l'histoire. À leur manière…

Repère

C'est le 10 février 1903, soit à peine plus d'un an avant le début des troisièmes Jeux olympiques de l'histoire moderne, que la ville de Saint-Louis est choisie. À l'origine, Chicago avait présenté un dossier sans faille, mais la véhémence des organisateurs de la Louisiana Purchase Exposition de Saint-Louis, célébrant les 100 ans de la vente de la Louisiane, a eu raison des membres du Comité International Olympique, qui ont fait volte-face à 14 voix sur 21 votants, accordant, comme en 1900 avec Paris, les Jeux olympiques à la ville hôte d'une Exposition universelle.

Naissance des breloques – 2 juin 1904

Ouverts depuis le 14 mai 1904, les troisièmes Jeux olympiques de l'ère moderne ne sacrent leurs premiers champions olympiques qu'un mois plus tard, à partir des 1er et 2 juin 1904, lors des épreuves de gymnastique. Construit sur le campus Washington de Saint-Louis, le stade Francis Field accueille ces 11 premières épreuves gymniques officielles de l'olympiade américaine. Rapidement, les locaux écrasent la maigre concurrence. Sur 33 places de podium possibles, autant en individuel que par équipe, les États-Unis y montent 29 fois, ne laissant la place qu'à un titre et une troisième place pour le Suisse Adolf Spinnler, et à deux autres places d'honneur pour l'Allemand Wilhelm Weber. Le triomphe est total, et au soir de ces premières épreuves, la cérémonie des podiums entre dans l'histoire de l'olympisme. Pour la première fois, en plus des cadeaux remis, ce sont des médailles d'or, d'argent et de bronze qui sont remises au premier, au

deuxième et au troisième de chaque concours. La médaille accrochée à un ruban à la poitrine du récipiendaire devient instantanément le symbole du Comité International Olympique, qui avait déjà validé le principe dès 1896, puis tenté l'expérience sans réussite à Paris en 1900, où des manques de budget avaient conduit à des errements dans trop d'épreuves. Mais à partir de ces Jeux olympiques de Saint-Louis en 1904, les médailles sont réalisées dans leurs métaux respectifs, elles pèsent 21 grammes pour 3,7 centimètres de diamètre et représentent la déesse Niké sur l'avers, et un athlète couronné au revers. Le symbole du Graal olympique vient de naître.

Drogués, tricheurs et chiens sauvages – 30 août 1904

Dans la veine des Journées anthropologiques ou du mauvais coup joué à la ville de Chicago pour lui chiper les Jeux en 1904, James Edward Sullivan, grand ordonnateur des troisièmes Jeux de l'histoire moderne, a probablement atteint son sommet le 30 août 1904 avec l'organisation du marathon. Un taux d'humidité à 90 % dans le Missouri ce jour-là, un thermomètre qui dépasse allègrement les 30 °C avec un départ maintenu à 14 heures 30 par ses soins. Avant même de courir leurs premiers mètres, les 32 athlètes savent que leur périple de 39,9 kilomètres va s'apparenter à une visite des enfers. D'autant qu'en guise de cerise sur le gâteau, les journalistes couvrant l'événe-

ment relèvent l'interdiction de se nourrir et seulement deux points d'eau sur un parcours qui ne compte pas moins de sept collines à gravir. Tour à tour, les meneurs de la course s'effondrent. Mellor, Lorden et Spring, les trois derniers vainqueurs du marathon de Boston (référence mondiale d'alors), s'arrêtent après quelques kilomètres. Avant même le redouté 30e kilomètre, c'est William Garcia, autre star de la distance, qui est retrouvé dans un fossé, dans le coma. C'est alors qu'apparaissent Len Tau et Jan Mashiani, les deux premiers athlètes noirs participant aux Jeux olympiques. Venant d'Afrique du Sud, ils sont libérés de l'Exposition universelle où ils jouaient des reconstitutions pour la course. Mais poursuivis par des chiens, ils doivent faire un détour et perdent tout espoir. Le facteur de La Havane, le petit Antonio Carvajal qui court en bermuda taillé avant le départ et en chaussures de ville, est intoxiqué par des pêches cueillies sur le parcours. Presque quatre heures après le départ, les 10 000 spectateurs du stade Francis Field voient apparaître l'Américain Fred Lorz à quelques encablures de la ligne d'arrivée. Sous les yeux du président Théodore Roosevelt, il est ovationné avant d'être dénoncé, à peine la ligne d'arrivée franchie. Le maçon new-yorkais avait abandonné après 13 kilomètres et avait fait tout le parcours en voiture ! Pire, à peine déclassé, le vrai vainqueur, Thomas Hicks, Américain de 29 ans, franchit la ligne d'arrivée et raconte sans peine qu'il a dû, à 10 kilomètres de l'arrivée, s'en remettre à deux piqûres de strychnine administrées par ses entraîneurs, ainsi qu'à un œuf et plusieurs rasades d'eau-de-vie pour survivre. Rien de moins !

Ces autres jeux racistes – 11 et 12 août 1904

Englués dans l'Exposition universelle, les Jeux olympiques de Saint-Louis ont un autre frein à leur déroulement au début du mois d'août 1904. James Edward Sullivan, directeur des Jeux de Saint-Louis, mais aussi responsable du département de culture physique de l'Exposition universelle de 1904, impose les Journées anthropologiques. Ce sont ainsi une centaine d'indigènes tels des Indiens Sioux, des Syriens, des Zoulous d'Afrique du Sud ou des Igorots des Philippines, sélectionnés parmi les tribus exhibées à l'Exposition universelle, qui sont amenés à disputer des épreuves sportives dont ils ne connaissent pas l'existence sous le regard de moult scientifiques. L'expérience, non contente de mettre en avant une volonté de prouver la supériorité de la race blanche par ses organisateurs, est un fiasco sportif et humain. Pierre de Coubertin en tire un bilan amer dans ses mémoires : « leur mise en œuvre est "embarrassante", il s'agit d'une "erreur" et elle affecte l'image des Jeux olympiques ». Jamais plus de telles manifestations ni même une alliance avec quelconque événement du type de l'Exposition universelle ne sera nouée.

Les fausses médailles françaises ! – 3 septembre 1904

Si les Jeux olympiques de Saint-Louis 1904 font état de 651 athlètes représentant 10 nations, la vérité n'est sensiblement pas celle-ci quand on se penche sur les classements officiels des différentes épreuves. Outre les Américains qui, à eux seuls, présentent 598 athlètes, seulement trois délégations européennes ont fait le déplacement : l'Allemagne, la Grèce et la Hongrie. L'Australie et le Canada sont de la partie, comme Cuba et deux provinces de l'Afrique du Sud représentées par deux athlètes qui ont couru le marathon alors qu'ils étaient invités à l'Exposition universelle. Mais dans les livres d'histoire, la France et l'Italie sont mentionnées, alors que leurs Comités nationaux olympiques n'ont envoyé aucun athlète. Pourquoi ? Tout simplement parce que Frank Bizzoni, cycliste pour l'Italie, et Albert Corey, coureur à pied pour la France, sont deux sportifs émigrés et installés pour le premier à New York et pour le second à Saint-Louis. En s'inscrivant aux Jeux olympiques, seule leur nation de naissance est alors prise en compte. C'est ainsi que l'Italie et la France sont officiellement représentées à ces troisièmes Jeux olympiques de l'histoire ; mieux encore, Albert Corey remporte deux médailles d'argent au marathon le 30 août, et lors du relais sur 4 miles le 3 septembre 1904, au sein d'une équipe mixte. Sans y participer, la France a donc remporté deux médailles aux JO de 1904, à Saint-Louis.

Deux pour le prix d'une – 22 septembre 1904

Ces journées du 21 et du 22 septembre 1904 resteront comme uniques dans l'histoire des Jeux olympiques et de la boxe. Dans la catégorie des poids plumes, la seule demi-finale voit deux Américains nommés Frank Haller et Fred Gilmore s'affronter. Au bout du suspense, Frank Haller l'emporte et se qualifie pour la finale de sa catégorie, qui doit avoir lieu le lendemain. Le 22 septembre 1904 justement, dans la catégorie juste inférieure des poids coqs, le constat est le même. Seuls deux boxeurs, tous les deux Américains aussi, Oliver Kirk et George Finnegan, se disputent le titre. L'affaire est cette fois une question de minutes, puisque dès le troisième round du combat, Olivier Kirk l'emporte par K.-O. Mécontent de cette rapidité, le public massé dans la salle olympique exprime sa colère et hurle son désir de voir Frank Haller, finaliste des poids plumes sans adversaire à boxer, défier Oliver Kirk, le fulgurant vainqueur du jour des poids coqs. Les juges se réunissent et décident d'accepter la tenue de ce combat. Au bout des six rounds prévus, c'est à nouveau Oliver Kirk qui est déclaré vainqueur, devenant ainsi le seul boxeur de l'histoire à avoir obtenu deux médailles d'or olympiques dans deux catégories de poids différentes.

Mortel water-polo – 6 septembre 1904

Attraction incontestable sur le plan sportif pendant deux jours, les 5 et 6 septembre 1904, le tournoi de water-polo se déroule dans le bassin Life Saving Exhibition Lake, un des lacs artificiels du Forest Park qui borde la Louisiana Purchase Exposition, l'Exposition universelle fêtant les 100 ans de la vente de la Louisiane par la France aux États-Unis. Au programme, une série de matchs entre les trois seules équipes inscrites, toutes américaines : celle du Missouri, l'État hôte, celle de New York et celle de Chicago. Le triplé est assuré pour les États-Unis et c'est finalement New York qui remporte la médaille d'or. Mais quelques jours après la fin de la compétition, David Bratton, un des joueurs de l'équipe new-yorkaise, développe de curieux symptômes. Il est emporté dans les semaines suivant la clôture des Jeux olympiques. Quelques semaines plus tard, un autre joueur de ce tournoi olympique, George Van Cleaf, est lui aussi atteint des mêmes symptômes et disparaît subitement, à 25 ans. Ces symptômes, ce sont ceux de la fièvre typhoïde. Immédiatement, le bassin olympique est mis en cause par les équipes. L'eau qui alimentait ce bassin était polluée par les déjections des troupeaux et autres animaux présents dans l'enceinte de l'Exposition. Prompt à protéger son organisation des accusations, James Edward Sullivan, le directeur des Jeux de Saint-Louis, dément en bloc les accusations des poloïstes.

Easy George prend son pied – 29 octobre 1904

À l'heure de clore les épreuves de gymnastique au programme des troisièmes Jeux olympiques qui ont lieu à Saint-Louis, l'Amérique entière attend un grand chelem de ses représentants. Mais le Suisse Adolf Spinnler et l'Allemand Wilhelm Weber les empêchent de s'arroger les 10 titres en jeu. Qu'importe, la nation aux *Stars and Stripes* écrase la concurrence, notamment grâce à un de ses représentants, George Eyser, surnommé Easy George. Né en Allemagne et arrivé à l'âge de 14 ans aux États-Unis, Eyser habite Denver, puis déménage à Saint-Louis avec sa famille, en 1901. Rapidement, il rejoint le club de gymnastique local en même temps qu'il travaille comme comptable pour une entreprise locale de construction. Ces Jeux olympiques de 1904, George Eyser les a préparés mieux que quiconque dans ses spécialités que sont le cheval d'arçons, les barres parallèles, le saut de cheval et la corde lisse. La moisson est superbe pour le trentenaire qui réussit l'incroyable performance de remporter six médailles dans la même journée, dont trois médailles en or : au saut de cheval, aux barres parallèles et à la corde lisse. Ovationné, George Eyser savoure ses médailles, fruits d'un exploit d'autant plus improbable quand on sait que l'Américain était unijambiste à la suite d'un accident de train !

Geronimo aux JO – 12 août 1904

Les Journées anthropologiques qui ont eu lieu du 11 au 13 août 1904, en plein cœur des Jeux olympiques de Saint-Louis – eux-mêmes englobés comme ceux de Paris en 1900 dans une gigantesque Exposition –, ont été décriées de manière quasi unanime. Obligeant des peuples indigènes du monde entier à se soumettre à des épreuves sportives inconnues pour eux, sous un prétexte d'étude anthropologique, ces Journées ont été mises au banc des accusés par Ferenc Kemény, seul membre du Comité International Olympique témoin direct : « Toute discrimination contre un pays ou une personne en raison de sa race, sa religion ou son régime politique est interdite », a-t-il brandi. En vain. James Edward Sullivan, maître de cérémonie de ces trois manifestations, n'en a eu cure. Ainsi, des peuples et leurs représentants, notamment aux États-Unis, ont été traînés à Saint-Louis, contraints d'assister à cette « validation du racisme scientifique » si l'on en croit Pierre

Lagrue. Parmi ces races jugées « inférieures » par l'Amérique blanche figuraient bien évidemment les Indiens d'Amérique. Ainsi, le vieux chef Apache Geronimo est venu assister auxdites épreuves, le 12 août 1904.

Repères

Les Jeux fantômes de 1906. En 1905, sur décision du Comité International Olympique est décidée la tenue des Jeux de la décennie pour célébrer les 10 ans du rétablissement de l'épreuve. L'affaire est une magnifique réussite avec 900 athlètes représentant 20 pays, qui sont au rendez-vous du 22 avril au 2 mai 1906, à Athènes. Pourtant, en 1949, une commission olympique décide que le label « Jeux olympiques » qu'avait ce rendez-vous grec de 1906 ne pouvait plus le garder afin de ne pas admettre deux festivals dans la même olympiade. Les JO de 1906 sont donc devenus des Jeux intercalaires, et tous les palmarès ont été ôtés des résultats officiels.

1908

Londres (Angleterre). Super sub

Du 27 avril au 31 octobre 1908,
à Londres, en Angleterre
2 024 athlètes, 23 pays,
24 disciplines pour 110 épreuves

Désignée en remplacement de Rome et de l'Italie qui ont renoncé après une terrible éruption du Vésuve, la Grande-Bretagne ne veut pas manquer son premier rendez-vous avec les Jeux olympiques modernes et annonce six mois d'épreuves ! Les premiers Jeux d'hiver, le marathon qui devient légendaire ou encore le monde qui découvre un pays jusqu'alors inconnu, ces quatrièmes Jeux olympiques de l'ère moderne sont en tout cas les premiers à avoir le retentissement espéré.

Repère : le 4 avril 1906, alors que Rome et l'Italie ont obtenu l'organisation des Jeux olympiques de 1908 depuis juin 1904 et la session du Comité International Olympique de Londres, le Vésuve, volcan de la région de Naples, entre en éruption. Pendant trois semaines, il déverse sa lave jusqu'au 21 avril 1906, causant la mort de 192 personnes, blessant 34 000 personnes et entraînant le déplacement de 150 000 habitants. Le traumatisme est terrible pour l'Italie, qui renonce immédiatement à organiser les Jeux olympiques. Londres est alors désignée pour pallier la défection romaine.

Sacré serment – 23 mai 1908

Dans des Jeux olympiques qui virent rapidement à un *mano a mano* entre athlètes anglais et américains, un premier sommet d'esprit belliqueux est atteint le 18 mai 1908, avec le lancement du tournoi de jeu de paume.

En lice, 11 Anglais font face à deux Américains, qui ont tous deux défié les locaux avant même le début du tournoi, leur promettant la défaite. Dès la fin du premier tour, il ne reste cependant plus qu'un seul Américain face à sept Britanniques dans la quête de la médaille d'or dans ce jeu ancêtre du tennis.

Dans les allées du complexe du Queen's, à Kensington, les tentatives de pression se multiplient sur Jay Gould II et la délégation d'outre-Atlantique ; le joueur doit être protégé dans tous ses déplacements pour éviter quelques coups qui pleuvent sur son passage jusqu'au court. En ce 23 mai 1908, jour de la finale du tournoi, Jay Gould II réalise l'exploit de battre le local Eustace Miles pour remporter la médaille d'or. Sous les sifflets nourris de l'assistance, bien entendu.

Plagiat or not plagiat ? – 26 juillet 1908

En ce 26 juillet 1908, voilà déjà trois mois que les Jeux olympiques de Londres ont pris leur envol. La célèbre Grafton Gallery est le théâtre d'un dîner de gala organisé par le gouvernement britannique à l'intention du Comité International Olympique et de son président, le baron Pierre de Coubertin. Ce dernier est invité à faire un discours pour ouvrir la soirée, discours qui débute ainsi : « L'important dans ces olympiades n'est pas tant d'y gagner que d'y prendre part, car l'important dans la vie ce n'est point le triomphe mais le combat ; l'essentiel, ce n'est pas d'avoir vaincu mais de s'être bien battu ». Mais ce discours en forme de sermon n'a guère de prise sur les épreuves suivantes, du même acabit que les précédentes, à savoir entachées de décisions contestables. Qu'importe ! La célèbre maxime des Jeux vient de voir le jour en plein cœur de ce dîner mondain. C'est du moins ce que l'on a longtemps pensé. Car, en réalité, l'incontournable « l'important, c'est de participer » n'est absolument pas sorti du cerveau du baron de Coubertin mais de celui d'un évêque américain cinq jours auparavant. Le dimanche 19 juillet 1908, lors d'une conférence des évêques anglicans, Monseigneur Ethelbert Talbot est venu prêcher en la cathédrale Saint-Paul de Londres en ces termes : « L'important dans ces olympiades n'est pas tant d'y gagner que d'y prendre part », tançant les comportements belliqueux anglais et américains depuis l'ouverture des épreuves. « Les Jeux en eux-mêmes sont au-dessus des questions de race et de récompenses. Et même si seule une personne peut porter la couronne de lauriers, tout le monde peut partager la même joie de la compétition. » L'important est donc de surtout bien paraphraser…

Les premiers Jeux… d'hiver ! – 28 octobre 1908

Voilà une incongruité qu'ont réservée les quatrièmes Jeux olympiques de l'ère moderne à Londres, en cette année 1908. Le 28 octobre 1908, soit plus de cinq mois après l'ouverture des Jeux et trois mois après la fin des épreuves d'athlétisme, le rideau n'est pas encore tombé sur le stade olympique de la capitale anglaise. Et pour cause : en ce mercredi nuageux, l'histoire de Madge Syers est contée dans le grand livre olympique : « La précision merveilleuse de ses figures, combinée à une position et un mouvement parfait. Elle exécute ses trois premiers sauts de manière quasi parfaite et à l'issue des figures imposées de la première journée, elle devance ses quatre adversaires. » Jeudi 29 octobre 1908, pour la seconde journée de cette épreuve, « Madge Syers conservait plusieurs longueurs d'avance sur ses adversaires », la Néerlandaise Elsa Rendschmidt et sa compatriote britannique Dorothy Greenhaulgh-Smith. Mais la moisson de la victoire ne s'arrête pas pour Syers, qui enchaîne avec une épreuve de couple, en compagnie de son mari Edgar, pour obtenir la troisième place. Mais au fait, de quel sport Madge Syers fait-elle les beaux jours ? En 1908, les JO de Londres accueillent pour la première fois dans leur programme le… patinage artistique dans une phase dénommée « Jeux d'hiver », où l'on trouve également le rugby et la boxe. Dominant le monde dans cette discipline hivernale, l'Anglaise est non seulement une égérie de son sport, mais surtout des femmes dans le sport. Ce seront toutefois ses seuls Jeux olympiques. Atteinte d'endocardite, elle stoppe sa carrière sportive juste après l'obtention de ses médailles à domicile, avant de mourir à seulement 35 ans, en 1917, sans voir les premiers vrais Jeux olympiques d'hiver, en 1924.

Lève-toi et saute ! – 20 juillet 1908

À 35 ans, ces Jeux olympiques de Londres de 1908 sont les derniers pour l'Américain Ray Ewry. Né dans l'Indiana à Lafayette, Ewry fait partie des stars de cette olympiade, puisque déjà loti de six titres olympiques en athlétisme, acquis à Paris (1900) et Saint-Louis (1904) dans ses disciplines de prédilection : les sauts en hauteur et en longueur, sans élan. À Londres, l'ingénieur new-yorkais veut sortir par la grande porte et y parvient. Le 20 juillet 1908, après avoir obtenu la médaille d'or au saut en hauteur sans élan, il remporte sa huitième et dernière médaille d'or olympique en signant un saut de 3,335 mètres en longueur, toujours sans élan. Un véritable miracle quand on sait que Ray Ewry a passé la quasi-totalité de ses vingt premières années de vie en fauteuil roulant, lourdement atteint par la poliomyélite. En rééducation, alors qu'il réapprenait à marcher avec ses kinésithérapeutes, Ewry s'est donné l'objectif de sauter toujours plus haut et plus loin. Quinze années, 10 médailles mondiales et un record planétaire à 3,47 mètres en longueur plus tard, il peut stopper sa carrière au sommet pour s'investir dans la lutte contre... la poliomyélite, forcément.

Légendaire marathon – 24 juillet 1908

Remis au goût du jour dès les Jeux olympiques d'Athènes en 1896, le marathon est un des moments forts et attendus des Jeux de Londres en ce 24 juillet 1908. L'intensité mêlée à la dramaturgie et à la légende qui entourent l'épreuve en font un des premiers moments essentiels de la grande histoire des Jeux. La course d'abord. Elle est aussi ubuesque que mémorable. Après presque trois heures d'effort sous une chaleur accablante, c'est un boulanger de Capri, en Italie, Dorando Pietri, qui franchit la ligne en premier, aidé dans les derniers mètres par deux commissaires qui, le voyant chuter et tituber, le supportent jusqu'à la corde d'arrivée. Dans un climat délétère, les Américains décident de porter réclamation et obtiennent gain de cause, à l'avantage de John Hayes, qui est déclaré vainqueur. La reine Alexandra en personne, touchée par le triste sort fait à Dorando Pietri, lui remet en main propre une coupe en or pendant qu'Arthur Connan Doyle, l'auteur mondialement connu grâce à son personnage de Sherlock Holmes, publie un édito de haute volée dans le *Daily Mail*, qui permet au jeune transalpin de trouver une célébrité fulgurante. Mais l'histoire de ce marathon des JO de Londres ne s'arrête pas là. Car le parcours reste aussi dans les livres d'histoire. Edward VII, roi d'Angleterre, veut que les coureurs terminent devant la loge royale, mais en étant passés au préalable devant le château de Windsor « pour faire plaisir aux princes et princesses de la famille royale ». Le parcours d'une longueur de 26 miles (soit 41,84 kilomètres) passe alors à 26,218 miles, soit une distance désormais connue de tous de 42,195 kilomètres, la distance officielle et figée de tous les marathons dans le monde.

L'emploi fictif – 25 juillet 1908

Même plus d'un siècle après, le marathon des Jeux de Londres de 1908 reste un événement à la portée incommensurable sur le plan historique. Mais bien plus loin encore que cette grande histoire, la petite histoire de John Hayes, son vainqueur américain, témoigne de l'impact qu'a déjà une médaille d'or olympique. Juste après avoir reçu sa médaille des mains de la reine Alexandra sur une réclamation posée à l'encontre de Dorando Pietri, concurrent italien qui avait pourtant franchi la ligne d'arrivée en premier, John Hayes voit sa vie basculer instantanément. Des promoteurs d'événements sportifs l'approchent pour organiser deux revanches des Jeux sur le sol américain, en novembre 1908 puis en mars 1909, au Madison Square Garden de New York. Les deux fois, Dorando Pietri l'emporte, mais les deux athlètes sont surtout présents pour honorer des contrats publicitaires conséquents. Officiellement passés professionnels avec ces contrats, et donc dans l'incapacité réglementaire de participer à de nouveaux Jeux olympiques à l'avenir, Pietri et Hayes monnayent leurs foulées. C'est Hayes qui décroche la timbale avec d'immenses affiches de lui placardées sur le magasin Bloomingdale, qui vantent les exploits de « John Hayes, notre employé qui s'entraîne sur le toit du magasin, avec une piste spécialement aménagée. » Pendant des dizaines d'années, tout le monde a cru que l'athlète champion olympique travaillait effectivement chez Bloomingdale. Mais il n'en était rien, comme l'a avoué l'intéressé au crépuscule de sa vie. Jamais il n'y eut de piste d'entraînement sur le toit du magasin, pas plus que de travail pour lui. En réalité, John Hayes touchait un salaire de la part de la firme pour le représenter et s'entraîner en dehors de Manhattan, loin des regards des clients.

Le pays inconnu – 26 octobre 1908

Ils s'appellent Frank Beaurepaire, John Barnett, Reginald Baker ou encore Harry Kerr. Depuis le 13 juillet 1908 et le défilé des nations présentes à Londres, ils font partie des curiosités de ces quatrièmes Jeux olympiques de l'ère moderne. Pour plusieurs raisons. D'abord parce que les livres d'histoire retiendront qu'ils ont tous été médaillés olympiques : Baker en boxe, Beaurepaire en natation ou encore Kerr en athlétisme. Mais ce qui questionne le plus, c'est le pays qu'ils représentent. Leur drapeau ressemble à s'y méprendre à celui de l'Australie, mais en réalité, et pour la première fois de l'histoire des Jeux olympiques, c'est l'Australasie qui concourt. Fruit de la réunion de l'Australie et de la Nouvelle-Zélande, cette nation fabriquée de toutes pièces envoie 30 athlètes dans six disciplines, avec en prime un titre pour cette Australasie qui boucle les Jeux londoniens en décrochant la médaille d'or en rugby à XV contre l'Angleterre. Sa cinquième et ultime médaille de l'histoire, puisque cet agglomérat de nations du Pacifique ne sera plus jamais représenté.

Repère

Les Jeux olympiques de Londres en 1908 restent les plus longs jamais organisés dans l'ère moderne. Commencées le 27 avril 1908, les épreuves se sont terminées le 30 octobre de la même année, soit une durée totale de 186 jours, autrement dit six mois et trois jours.

1912

Stockholm (Suède). L'envol définitif

Du 5 mai au 27 juillet 1912,
à Stockholm, en Suède
2 409 athlètes, 29 pays,
19 disciplines pour 102 épreuves

Il aura donc fallu patienter seize ans et quatre olympiades pour que les Jeux décollent enfin et commencent à faire leur place sur les cinq continents. En Suède, ce sont près de 200 000 spectateurs qui suivent les épreuves d'athlétisme, les règlements de chaque discipline sont respectés, les protestations presque inexistantes, le stade olympique est une réussite tandis que les légendes sportives s'y construisent. Des combats de lutte qui durent des heures, le créateur du judo présent, un futur général héros de guerre qui concourt, mais aussi la mort en direct ; Stockholm 1912 coche toutes les cases du succès. Avant que l'olympisme, comme le monde, ne plonge dans la guerre.

Douze ans de retard – 29 juin 1912

Le 29 juin 1912, ce ne sont pas moins de 2 409 athlètes venus de 29 pays qui gagnent la Suède et l'ouverture des cinquièmes Jeux olympiques de l'ère moderne pour disputer une centaine d'épreuves dans 14 sports. Hors de cette cohorte de prétendants, certains athlètes sont venus pour recevoir une médaille d'or sans avoir l'intention de faire le moindre effort. L'heure est effectivement venue pour le Comité International Olympique de réparer une erreur vieille de douze ans. À Paris, en 1900, les trois lauréats du podium du marathon n'avaient tout bonnement pas reçu la moindre médaille pour leur exploit. En pleine Exposition universelle de Paris, et dans des Jeux olympiques qui étaient alors quasi-anonymes, le budget limité avait à peine permis aux organisateurs de remettre des colifichets à bas prix aux marathoniens. Sur la plus haute marche de ce podium, on retrouve le Français Michel Théato, vainqueur dudit marathon. Honoré, Michel Théato est officiellement le premier champion olympique de l'histoire du sport français, bien qu'il soit né au Luxembourg, pays qui ne réclama jamais le bénéfice de ce titre.

Enfin universels – 6 juillet 1912

Au moment où le roi de Suède Gustave V ouvre officiellement les cinquièmes Jeux olympiques de l'ère moderne, le défilé millimétré des 29 nations qui ont répondu présentes et qui tournent autour du stade olympique de Stockholm impressionne 35 000 spectateurs déjà conquis. Et, pour la première fois avec des délégations venues des cinq continents de la planète, Pierre de Coubertin et le

Comité International Olympique peuvent arguer de l'universalité tant quêtée du rendez-vous quadriennal. Symbole de cette réalité universelle, le drapeau olympique flanqué des cinq anneaux fait sa première apparition, représentant fièrement les cinq continents habités sur terre. Ce ne sont pas moins de 2 409 athlètes qui entrent dans leurs Jeux 1912, avec le Japon qui offre, pour sa première apparition, la plus modeste délégation en nombre, avec un athlète accompagné de deux officiels. La plus modeste en nombre, mais probablement la plus prestigieuse, puisque parmi ces deux officiels, l'un est Jigorō Kanō en personne, créateur mondialement reconnu du judo. Les JO prennent enfin leur envol.

Repère

La boxe disparaît du programme olympique pour les Jeux olympiques de Stockholm. La raison est simple : la loi suédoise interdit la pratique de ce sport. De la même manière, les autorités locales prennent le pas sur le Comité International Olympique dans l'épreuve du marathon, où la loi du pays organisateur impose que chaque concurrent ait 17 ans minimum. Un certificat médical est même imposé. La loi, c'est la loi !

C'est la lutte finale ! – 6 juillet 1912

Commencées le 5 juillet 1912, les épreuves de lutte gréco-romaine connaissent leur dénouement le lendemain, après une journée d'une longueur interminable puisque les combats durent jusqu'au milieu de la nuit. Dans la catégorie des poids moyens, un duel entre le Russe Martin Klein et le Finlandais Alfred Asikainen tient toute la salle en haleine. Le plus long combat de toute l'histoire de Jeux olympiques se déroule sous les yeux médusés des spectateurs qui doivent attendre… onze heures, pour connaître le vainqueur ! Totalement épuisé malgré sa victoire et les pauses dictées par les officiels toutes les trente minutes, Martin Klein décide de déclarer forfait pour la finale, offrant la médaille d'or au Suédois Claes Johansson. Dans la catégorie des lourds-légers, l'histoire se répète, et la décision est prise d'offrir une médaille d'argent à chacun des finalistes après un match nul et neuf heures de combat !

La technologie, précieuse aide – 9 juillet 1912

Le stade olympique de Stockholm est en fusion au cœur des épreuves d'athlétisme en ce 9 juillet 1912. Le 100 mètres très attendu va voir les hommes les plus rapides de la planète s'affronter dans quelques instants en guise d'ouverture officielle des épreuves d'athlétisme. Dans ces cinquièmes Jeux olympiques de l'ère moderne, les progrès technologiques vont, pour la première fois, permettre de faire un grand pas dans le jugement des épreuves, avec l'installation du chronométrage semi-électrique. Il permet de déclencher le temps au moment du coup de feu du départ et de l'arrêter au passage de ligne. Des haut-parleurs sont également installés dans le stade ainsi qu'une révolution venue du cyclisme : la photo-finish. Un ensemble de nouvelles technologies bien utiles dans ce 100 mètres, puisque Ralph Craig, Alvah Meyer et Don Lippincott, les trois Américains qui composent le podium, sont séparés d'un petit centième à l'arrivée. Ouf !

Patton, l'histoire avant l'Histoire – 12 juillet 1912

Vendredi 12 juillet 1912, les yeux du sport mondial sont tournés vers une toute nouvelle épreuve qui attise les curiosités dans le programme des cinquièmes Jeux olympiques de l'ère moderne : le pentathlon moderne. Combinant course à pied, natation, équitation, escrime et tir, la discipline plaît énormément aux différentes forces armées des pays présents. Ainsi, les Suédois sont en force dans cette épreuve, avec 12 représentants parmi les 32 concurrents inscrits, quand la Russie en compte cinq, le Danemark quatre, ou encore l'Angleterre trois. Parmi les autres pays en lice, on note la présence d'un seul athlète venu des

États-Unis. Et cet athlète connaît une journée d'affrontement total avec les Scandinaves. Troisième en course à pied, quatrième en escrime, sixième et septième en équitation et natation, le jeune homme de 27 ans en pleine force de l'âge est le seul à pouvoir contrecarrer la domination de six Suédois qui se battent pour le podium. Jusqu'au bout, et malgré un public évidemment tout acquis à la cause des athlètes scandinaves, l'Américain croit en son étoile, mais échoue à l'épreuve de tir au pistolet. Un de ses essais est considéré hors cible alors que lui-même palabre pour expliquer que la balle est passée dans un trou déjà fait par un précédent projectile. Les juges ne veulent rien savoir et laissent le natif de San Marino, en Californie, échouer à la sixième place. Un podium olympique manqué au tir, l'affaire est néanmoins extrêmement cocasse quand on sait que l'Américain en question n'est autre que le militaire George Smith Patton, futur général quatre étoiles de l'US Army, qui connaîtra un destin de héros lors de la Seconde Guerre mondiale, quelques années plus tard.

La mort rôde... – 14 juillet 1912

En ce 14 juillet 1912, l'heure d'un des grands moments de ces cinquièmes Jeux olympiques de l'ère moderne est venue avec l'épreuve du marathon. Pas moins de 98 athlètes s'alignent au départ sous une chaleur accablante. Les premiers kilomètres sont déjà le théâtre d'une série d'abandons encore jamais vécue. Américains et Sud-Africains dominent les débats et filent grand train aux avant-postes. Et si la victoire revient à Ken McArthur dans un temps canon de 2 heures34 , les membres du Comité International Olympique sont inquiets de l'état de santé de

pas moins de 63 coureurs qui n'ont jamais vu la ligne d'arrivée. Parmi ces athlètes, un cas est même considéré comme prioritaire ; celui d'un jeune charpentier portugais du nom de Francisco Lázaro. À seulement 21 ans, l'Ibère déjà triple champion de son pays s'est littéralement effondré après 30 kilomètres de course. Le service médical de la course le prend en charge et détermine que sa température corporelle est de 41 °C à cause d'une sévère déshydratation. Malgré son hospitalisation, Francisco Lázaro ne revient jamais à lui et meurt le lendemain, 15 juillet 1912. L'émotion est intense partout en Suède, car en rendant son dernier souffle, le Portugais devient le premier athlète de l'histoire décédé au cours d'une épreuve dans le cadre des Jeux olympiques. Une quête est effectuée et récolte 3 200 dollars américains (soit 98 000 dollars en 2021) pour aider sa famille. On apprend quelques semaines plus tard que Lázaro a finalement été victime de la cire dont il s'était enduit pour éviter les coups de soleil. Cette cire a empêché son corps de transpirer, et donc de se refroidir naturellement. À l'occasion de son inhumation, son épouse a confié que Lázaro lui avait dit avant le départ : « Soit je gagne, soit je meurs. » Terriblement prémonitoire.

Le tragique destin d'un Indien – 15 juillet 1912

Au dernier jour des épreuves d'athlétisme de ces cinquièmes Jeux olympiques de l'ère moderne, le 15 juillet 1912, le stade olympique de Stockholm fait le plein pour

vivre la dernière et très prisée épreuve du décathlon. Déjà vainqueur du pentathlon le 7 juillet, l'Américain James Francis Thorpe, dit Jim Thorpe, est la star absolue. Mais au matin de cette dernière journée d'épreuves, Jim Thorpe se fait voler ses chaussures de concours. Grâce à la débrouille, il s'en fait prêter par un compatriote, mais il doit y ajouter des chaussettes car elles sont trop grandes. Le natif de l'Oklahoma en a vu d'autres et, intenable sur la piste, il relègue la concurrence très loin derrière lui, discipline après discipline. En deux jours de décathlon, il écrase la compétition. Le roi Gustave V de Suède en personne se rend sur la piste pour le féliciter de ses exploits, ainsi que le tsar de Russie Nicolas II, présent au stade ce jour-là. À peine le résultat de sa médaille d'or officiel, un télégramme de félicitation parvient à Jim Thorpe, signé de la main de Théodore Roosevelt, président des États-Unis. L'Indien d'Amérique, issu de la tribu des Sauk et Fox, atteint la consécration dans une Amérique pourtant hostile aux populations amérindiennes. Mais rapidement, la machine s'enraye et la descente aux enfers commence pour Jim Thorpe. Une fois rentré aux États-Unis, il est employé sans peine dans des équipes professionnelles de football américain et de baseball, où son impressionnante stature physique (1,87 mètre) alliée à ses qualités athlétiques exceptionnelles font merveille. Mais au début de l'année 1913, le soupçon s'abat sur Jim Thorpe quand il est évoqué qu'il aurait touché quelques menus salaires pour jouer au baseball avant les Jeux olympiques de Stockholm, rompant ainsi l'amateurisme absolu exigé pour participer aux épreuves. Avery Brundage, ancien athlète américain désormais haut placé de l'olympisme mondial, enquête, et malgré les appels nourris à instruire réellement l'affaire pour maintenir les titres acquis, il prononce le retrait des médailles de son compatriote. Déchu, Jim Thorpe sombre dans la dépression, et après la fin de sa carrière sportive, le naufrage s'accélère. Ruiné, alcoolique et réduit à la plus grande pauvreté, il disparaît à seulement 64 ans, en 1953. Il faut attendre 1982 pour que l'intégralité des titres et médailles soit réattribuée à Jim Thorpe, à titre posthume. Bien maigre consolation pour celui qui fut qualifié, en 1912, de plus grand athlète du monde.

C'est qui le patron ? – 22 juillet 1912

À l'occasion de ces cinquièmes Jeux olympiques de l'ère moderne disputés en Suède, le Comité International Olympique décide d'incorporer des épreuves pour le moins inattendues. Loin du sport ou d'une quelconque performance athlétique, le baron Pierre de Coubertin décide de la présence des « concours artistiques » à Stockholm. Ainsi, l'architecture, la littérature, la musique, la peinture et la sculpture constituent les cinq catégories artistiques en lice avec des titres olympiques décernés comme dans n'importe quelle discipline sportive. Seul impératif ordonné aux créatifs participant : que le sujet soit uniquement en lien avec le sport. Les artistes de tous horizons produisent des œuvres en vue du jury final, qui délibère pendant les Jeux olympiques. À l'heure d'énoncer les lauréats dans chacune des disciplines retenues, le public tombe des nues. Le vainqueur de l'épreuve de littérature du concours d'art est un duo dénommé Georg Hohrod et Eschbach. Le texte écrit à la fois en allemand et en français séduit le jury pour son contenu, mais au moment d'appeler les deux lauréats, c'est tout bonnement Pierre de Coubertin qui s'avance. Le président du Comité International Olympique est en réalité le seul et unique auteur du texte récompensé. Fort satisfait de sa manœuvre, le baron Pierre de Coubertin, père des Jeux modernes, entre à son tour officiellement au panthéon des médaillés d'or olympiques. Ces « compétitions d'art » décriées perdurent jusqu'en 1954, année de la professionnalisation des métiers d'art.

2 951 JOURS DE NUIT NOIRE – 22 JUILLET 1912

Tel est le temps de sommeil que connaissent les Jeux olympiques après le 22 juillet 1912, date de clôture des cinquièmes Jeux de l'ère moderne en Suède, jusqu'aux suivants, qui auront lieu à compter du 20 août 1920, soit huit ans plus tard. Entre-temps, la Première Guerre mondiale plongera la planète sport dans la nuit entre 1914 et 1918, poussant à l'annulation des Jeux olympiques, alors offerts à Berlin pour 1916. En France comme dans tous les pays belligérants, des médaillés olympiques ont perdu la vie dans la Grande Guerre : Gaston Alibert (escrime, 1908), Louis Bach (football, 1900), Henri Bonnefoy (tir, 1908), Jean Bouin (athlétisme, 1912), Charles Devendeville (natation, 1900), Léon Flameng (cyclisme, 1896), Octave Lapize (cyclisme, 1908), Louis de Champsavin (équitation, 1900) et Henry Tauzin (athlétisme, 1900). C'est en avril 1919 que la 17e session du Comité International Olympique décide de confier l'organisation des sixièmes Jeux olympiques de l'ère moderne à Anvers, en Belgique, pour rendre hommage à la souffrance des populations du pays pendant la Première Guerre mondiale.

1920

Anvers (Belgique).
Retour à la vie

Du 24 avril au 12 septembre 1920, à Anvers, en Belgique
2 679 athlètes, 29 pays, 29 disciplines pour 156 épreuves

De Victor Boin, génie d'une incroyable précocité, à Oscar Swahn, plus vieux champion olympique de l'histoire, ces Jeux de la renaissance d'après la Première Guerre mondiale permettent à l'olympisme, comme l'avait fait le Tour de France cycliste dès 1919, de reprendre sa route et de symboliser le retour à la vie. Ce retour, payé par les diamantaires d'Anvers, offre de sacrés moments avec la course cycliste jouée sur tapis vert ou la der' de la compétition de tir à la corde avec, en sus, l'avènement du sport féminin grâce à une Française.

Les diamants sont éternels – 5 avril 1919

Terminée à la fin de l'année 1918 après avoir ravagé une partie de l'Europe, la Première Guerre mondiale marque la fin de la trêve olympique contrainte. Dès janvier 1919, le baron Pierre de Coubertin décide que les premiers Jeux olympiques après le conflit se dérouleront en 1920. Reste à connaître la ville organisatrice. En tout premier lieu, Budapest est retenue, mais l'exclusion de tous les pays ayant soutenu l'Allemagne infirme *de facto* cette décision. C'est alors que le Comité International Olympique se penche sur les candidatures d'avant-guerre et y retrouve Lyon (France), Amsterdam (Pays-Bas) ou encore Philadelphie (États-Unis) et La Havane (Cuba). Mais une candidature retient particulièrement l'attention : celle d'Anvers. Tenant à honorer les pays ayant particulièrement souffert de la guerre, la Belgique tient nécessairement une place de choix. Mais si Anvers est rapidement entérinée comme ville hôte, c'est surtout en raison d'une garantie que ne pouvaient pas présenter les autres villes. Le roi Albert Ier, accompagné des commerçants et diamantaires d'Anvers, est venu présenter le dossier de candidature, avec comme garantie la bagatelle d'un million de francs… en diamants (soit 1 300 000 euros en 2021) ! Le 5 avril 1919, Anvers est officiellement désignée.

Papy fait de la résistance – 26 juillet 1920

C'est l'effervescence au Hoogboom Country Club de Kapellen, qui accueille en ce 26 juillet 1920 une des nombreuses épreuves de tir au programme des sixièmes Jeux olympiques de l'ère moderne. Comme de coutume, les pays scandinaves et les États-Unis tirent leur épingle du jeu, et les médailles pleuvent chez les uns et les autres. Mais tous les yeux des spectateurs et des journalistes sont tournés vers l'équipe de Suède. Dans les rangs vikings, un homme est particulièrement scruté : un certain Oscar Swahn. Triple champion olympique de tir au cerf courant aux Jeux olympiques de Londres en 1908 et aux Jeux olympiques de Stockholm en 1912, le leader des tireurs suédois fait encore merveille dans sa discipline de prédilection. En compagnie de son fils Alfred, ils sont les meneurs de leur nation dans la compétition par équipe, et s'adjugent la médaille d'argent derrière la Norvège, sous l'ovation absolue de tout le complexe de tir. La raison de cette ovation ? Un moment d'histoire des Jeux, tout simplement. Car en décrochant cette médaille, Oscar Swahn est devenu l'athlète le plus âgé à

avoir obtenu une médaille olympique. Ce 27 juillet, il avait 72 ans, 9 mois et 8 jours ! Record encore à battre.

Passage à niveau – 12 août 1920

Dans une Belgique avide de cyclisme, l'épreuve sur route des sixièmes Jeux olympiques de l'ère moderne rassemble des milliers de spectateurs. La raison ? Le Comité International Olympique a décidé que le contre-la-montre serait la discipline retenue sur un parcours de 175 kilomètres autour d'Anvers, dans une boucle passant par Turnhout, Mol, Heist-op-den-Berg et Lierre, avec arrivée à Anvers. Quarante-six coureurs sont au départ d'un périple qui doit les emmener sur une course d'environ cinq heures. Seulement, le parcours n'est pas de tout repos pour l'organisation qui doit faire face à un défi insoluble : celui des passages à niveau. La circulation des trains sur les rails étant prioritaire sur celle des automobiles ou des vélos sur les routes, il a été admis par les commissaires, avant même le premier départ, que les coureurs les plus malchanceux seront forcément retenus par un passage à niveau baissé sur leur chemin. Décision est donc prise de placer des commissaires à chaque passage à niveau avec chronométrage du temps perdu par les coureurs forcés de s'arrêter. Au total, si l'équipe d'Afrique du Sud célèbre la victoire d'Henry Kaltenbrunn devant le Français Fernand Canteloube, les espoirs de succès sont rapidement douchés pour la délégation Sud-Africaine, puisque le Suédois Harry Stenqvist, initialement troisième de l'épreuve, fait partie des cinq athlètes retenus sur son parcours par le passage d'un train. Arrivé avec trois minutes de retard sur Kaltenbrunn, Stenqvist, qui avait été stoppé dans son élan pendant 4 minutes 01, est déclaré vainqueur !

Bébé top model – 14 août 1920

Testé en 1906 lors des Jeux intercalaires d'Athènes, le serment olympique est remis au goût du jour pour ces premiers Jeux olympiques après la Première Guerre mondiale, à Anvers. D'abord offerts à Budapest, les sixièmes JO de l'histoire moderne sont retirés à l'Autriche-Hongrie pour cause d'alliance avec l'Allemagne ; c'est la Belgique, considérée comme pays martyr du premier conflit planétaire, qui en hérite. Après avoir participé au défilé des délégations, l'heure est venue d'assister à deux moments d'histoire : l'entrée du drapeau olympique et la déclamation du serment olympique. C'est à l'escrimeur belge Victor Boin que revient l'honneur de prononcer le premier serment de l'histoire commençant par ces mots : « Nous jurons de prendre part aux Jeux en compétiteurs loyaux. » Quelques phrases gravées dans le marbre pour un athlète loin d'avoir été choisi par hasard. Car au-delà d'être un escrimeur de haut niveau en 1920, Victor Boin est un touche-à-tout du sport. Créateur du premier club de hockey sur glace en Belgique à seulement 17 ans, il est aussi le fondateur de la Fédération des Patineurs de Belgique. Déjà athlète olympique en 1908, à 20 ans, il est dans l'équipe nationale de water-polo, mais aussi nageur de 100 mètres à Londres, puis devient en plus escrimeur à Stockholm, en 1912. Engagé pendant la guerre, il devient pilote d'avion et convoie la reine Élisabeth de Bavière dans ce qui reste la première traversée de la Manche pour une femme, en 1918. Albert Ier de Belgique a donc offert en récompense cette entrée dans l'histoire olympique à un de ses plus éminents sujets. Mais ce que ne savait pas le roi des Belges à ce moment, c'est que la vie trépidante de Victor Boin avait débuté dès 1890, à Ostende, quand il remporta le plus beau concours de sa vie à seulement 2 ans : celui du plus beau bébé lors de « l'Exposition internationale d'hygiène et de sauvetage ». On a la classe, ou on ne l'a pas.

Oh ! hisse ! – 17 août 1920

C'est le stade de Beerschot qui a le privilège d'accueillir une discipline aussi courue que pourvoyeuse de conflits dans la renaissance des Jeux olympiques de l'ère moderne. Depuis 1900 et une décision du Comité International Olympique, le tir à la corde est au programme de chaque édition. Et à chaque édition, les protestations se succèdent quant à l'arbitrage, la composition des équipes ou encore les équipements. Dans ces sixièmes Jeux olympiques de l'ère moderne, Anvers voit ainsi débarquer 40 athlètes musculeux alignés par cinq nations en lice pour les trois médailles attribuées dans cette épreuve de tir à la corde. Pour la première fois, aucune contestation ne se fait jour. Les équipes disputent chacune trois rencontres entre le 17 août et le 20 août 1920, jour de finale qui voit l'Angleterre l'emporter devant les Pays-Bas dans une ambiance de fête. Mais à la surprise générale, au moment de la remise des médailles, le Comité International Olympique décrète, en évoquant les « trop nombreux problèmes créés par cette discipline », que le tir à la corde ne serait plus au programme des futurs Jeux olympiques. Clap de fin pour les gros bras.

La clope au bec – 20 août 1920

Le stade olympique d'Anvers retient son souffle au moment où s'élance l'épreuve du 10 000 mètres. Trois jours auparavant, le Finlandais Paavo Nurmi a été battu sur 5 000 mètres par un gamin français de 20 ans, Joseph Guillemot. Le natif du Dorat (Haute-Vienne) a éclaboussé la course de son talent. Prévue à 17 heures 30 le vendredi 20 août 1920, la course est finalement avancée à 14 heures 15. Tous les participants déjà à l'entraînement matinal sur le stade olympique ont été prévenus, sauf Joseph Guillemot. Ce dernier est introuvable. Et pour cause, il est au restaurant. C'est le manager de l'équipe de France qui parvient à le prévenir à temps, mais dans la précipitation, le jeune Bleu ne remet pas la main sur ses chaussures de course. Qu'importe ! Il faut courir ces 10 000 mètres, et des chaussures trop grandes de deux pointures lui sont fournies. Deux paires de chaussettes comblent l'écart entre la taille du pied de Joseph Guillemot et celle des chaussures. La course est lancée, Paavo Nurmi a un rythme endiablé, et ses adversaires abandonnent un par un. Sauf Guillemot, qui venant de manger, et qui, bien qu'ébranlé par de terribles maux d'estomac, parvient tout de même à s'accrocher pour aller chercher une superbe médaille d'argent, provoquant l'admiration de tous dans le stade. À l'heure de la remise de sa médaille, le Français s'est encore volatilisé. Retrouvé derrière la tribune, le coureur de fond était cette fois en train de fumer une des innombrables cigarettes qu'il grillait chaque jour…

Garde à vue – 22 août 1920

La soirée est festive pour la délégation des États-Unis. En cette fin d'après-midi du 22 août 1920, l'équipe nationale de relais 4 x 100 mètres a remporté le titre olympique devant la France. Charley Paddock, Jackson Scholz, Loren Murchison et Morris Kirksey fêtent leur sacre ensemble dans un bar anversois. Morris Kirksey, jamais avare d'aventure, prolonge la soirée. Au moment de rentrer à l'hôtel de la délégation américaine, le sprinteur trouve porte close. Il décide alors d'escalader la façade. Mais à mi-chemin, il est interpellé par une patrouille de police belge et emmené directement au commissariat. Là-bas, Morris Kirksey essaie d'expliquer qu'il est champion olympique et qu'il voulait simplement regagner sa chambre. Peine perdue, les policiers ne veulent rien savoir et le gardent à vue jusqu'au lendemain. Après l'intervention du chef de délégation américaine, Kirksey est libéré en fin d'après-midi. Trop tard cependant pour que le jeune homme puisse se rendre à la cérémonie des médailles du 4 x 100 mètres, prévue à 13 heures.

C'est donc à trois que les relayeurs américains sont montés sur le podium au stade olympique, pour aller chercher leur médaille dorée.

Qu'à cela ne tienne ! Quelques jours plus tard, le 5 septembre 1920, Morris Kirksey, qui est également sélectionné en équipe nationale de rugby, sera bien présent pour aller chercher sa seconde médaille d'or. Et faire la fête après, seulement.

Repère

Les Jeux olympiques sont timidement ouverts aux femmes depuis 1900, mais les 65 dames présentes aux Jeux olympiques d'Anvers vont pourtant avoir valeur de virage capital dans l'histoire du sport féminin. En mars 1921, devant le refus d'ouvrir les épreuves d'athlétisme aux femmes, Alice Millat, fondatrice de la Fédération des sociétés féminines sportives de France, lance à Monaco les premiers Jeux olympiques féminins. Cent femmes de cinq pays se défient, et l'édition de 1922 est encore plus populaire, avec 300 athlètes de sept pays. Devant le succès remporté par ces épreuves devenues les Jeux mondiaux féminins, Siegfried Edström, président de la Fédération internationale d'athlétisme, propose l'ouverture de cinq épreuves d'athlétisme aux femmes pour les Jeux olympiques de 1928.

1924

Paris (France). La France double les plaisirs

Du 4 mai au 27 juillet 1924, à Paris, en France
3 256 athlètes, 45 pays, 23 disciplines pour 126 épreuves

Portés par l'organisation des premiers Jeux olympiques d'hiver à Chamonix quelques mois avant, les organisateurs français sortent des innovations de choix pour Paris 1924, comme le village et la devise olympique. *Tarzan*, la radio en direct, mais aussi le rescapé du *Titanic*… tout ce petit monde fait des Jeux de Paris 1924 une belle revanche sur ceux de 1900, qui avaient été un échec dans les grandes largeurs.

Repère : avant l'ouverture de ces septièmes Jeux olympiques de l'histoire moderne à Paris, la 19e session du Comité International Olympique, en date du 2 juin 1921, qui s'est déroulé à Lausanne (Suisse), a entériné la création des premiers Jeux olympiques d'hiver pour le début d'année 1924. Se déroulant du 25 janvier au 5 février 1924, ils sont attribués à la ville de Chamonix, en France. Six sports sont désignés pour 16 épreuves, et ce sont 255 athlètes (dont 13 femmes) de 16 pays qui les disputent, pour un vrai succès populaire et sportif. En revanche, le déficit est abyssal, puisque les dépenses s'élèvent à 3 500 000 francs et les recettes à seulement 120 000 francs !

C'est la fête au village – 3 mai 1924

À l'heure de recevoir pour la seconde fois les Jeux olympiques, la ville de Paris veut effacer l'échec de 1900 et proposer une organisation sans faille. Mais avec l'arrivée de 45 délégations, de 3 256 athlètes accompagnés de leurs entraîneurs et des nombreux supporters de chaque pays, la question du logement de toutes ces personnes pendant trois mois est présente dans tous les esprits. Dans les colonnes du *Figaro* du 30 avril 1924, Paul Rousseau, qui est « secrétaire général à la propagande » du Comité national olympique et sportif français décide alors de rassurer le monde sur la capacité d'accueil de la capitale de France. Des lignées de baraquements sont construites à Colombes, à quelques encablures du stade olympique, et permettent aux athlètes d'être nourris, logés et blanchis pour « la bagatelle de 55 francs par jour » (soit 50 euros en 2021). Certains pays ne souhaitent pas cohabiter dans ces baraques et se sont débrouillés de gré à gré avec des hôteliers parisiens. Les Anglais ont exigé leurs cuisiniers spécifiques, et les Américains ont préféré louer le château de Rocquencourt et son parc, dans les Yvelines. Les spectateurs et suiveurs ont eux aussi la possibilité de se loger grâce à l'apparition d'une technique encore jamais vue. Un office du logement est installé boulevard Haussmann, et les propriétaires intéressés par une potentielle location sont invités à s'y inscrire. Mais face à la flambée immédiate des prix, un inspecteur d'État se rend à chaque adresse et décide d'un prix fixe en fonction du logis présenté. La notion d'*Airbnb* est née.

À coups de cailloux – 18 mai 1924

Encore dénommé football-rugby, le tournoi de « rugby » est le théâtre d'un spectacle impensable pour la finale opposant la France, pays hôte, aux États-Unis, prétendants assumés à la médaille d'or. Ce match passionne les foules dans l'enceinte du beau stade de Colombes, avec pas moins de 50 000 personnes qui se pressent pour assister aux matchs. Après avoir écarté aisément la faible équipe de Roumanie, l'équipe de France est sûre de sa force, mais en seulement dix minutes de jeu, l'affaire tourne très mal pour les tricolores qui encaissent un sévère 17-3. Superbement préparés et maîtrisant leur jeu collectif, les Américains ne font qu'une bouchée des Français. De quoi déclencher une colère noire du public. Rapidement, les supporters américains sont pris à partie dans les tribunes, huit d'entre eux sont transportés par les secours, victimes de coups de canne et de coups de poing.

Devant les caméras de télévision, les gifles et injures pleuvent des travées et gagnent le terrain, où la rencontre en vient à être arrêtée face au pugilat. Des scènes ahurissantes qui sont relayées par les images, jusqu'à ce que des supporters français se saisissent de cailloux et les lancent en direction des caméras. Les scènes sont désastreuses pour l'image des Jeux olympiques, mais surtout pour l'image du rugby, qui est immédiatement éliminé du programme des éditions suivantes par le Comité International Olympique. Il faut attendre presque un siècle pour y revenir en 2016 – et encore, dans sa version du jeu à VII et non à XV.

Le pionnier volant – 9 juin 1924

Depuis le 6 octobre 1923 et la première retransmission d'une rencontre sportive en direct à la radio, en l'occurrence un match de boxe salle Wagram, à Paris, la technologie de la télégraphie sans fil (TSF) permet de faire vivre le sport d'une manière totalement nouvelle aux passionnés. Le média radio progresse tant depuis cette date que *Radiola,* média parisien déjà renommé, décide de retransmettre quelques-unes des épreuves des Jeux olympiques de 1924. Avant même celles d'athlétisme que tout le monde attend en juillet, la radio parisienne décide de tester sa technique lors de la finale du tournoi olympique, qui se déroule au stade de Colombes et qui rassemble une foule de 40 552 spectateurs pour la rencontre entre la meilleure équipe du monde de l'époque, qu'est l'Uruguay, et la Suisse, finaliste inattendue qui a notamment battu l'Italie et la Suède. Mais la presse écrite internationale, qui voit d'un très mauvais œil l'arrivée de la radio, fait refuser l'entrée à *Radiola* et à son reporter star, Edmond Dehorter, par le Comité International Olympique. Le journaliste ne désarme pas et tente alors un coup incroyable. Il fait venir une montgolfière au pied du stade de Colombes et prend place dans la nacelle. Envoyé dans les airs, le ballon se pique à l'aplomb du stade et permet au « parleur inconnu », surnom d'Edmond Dehorter, de commencer le commentaire de la finale. Mais le vent se lève et le ballon captif est rapidement emporté loin du stade, empêchant Dehorter de poursuivre. Qu'à cela ne tienne ; si la finale n'a pas été commentée totalement à la radio, cette folle retransmission fait basculer l'avenir du média radio dans le sport. Edmond Dehorter est intégré aux journalistes à l'intérieur du stade de Colombes pour y commenter de nombreuses autres épreuves, notamment celles d'athlétisme.

Rendre à César ce qui est à Didon – 5 juillet 1924

Alors que les épreuves sont commencées depuis deux mois dans ces septièmes Jeux olympiques de l'ère moderne, pas moins de 40 000 spectateurs sont réunis à Colombes en ce 5 juillet 1924 pour assister à la cérémonie officielle d'ouverture des Jeux de Paris. Pas moins de 44 délégations sont présentes et défilent par ordre alphabétique, de l'Afrique du Sud à la Yougoslavie.

Au terme de ce défilé, Gaston Doumergue, le président de la République française, proclame officiellement les JO ouverts avant le discours de bienvenue du comte Clary, président du comité d'organisation, et le serment des athlètes, prononcé par Géo André, médaillé en 1908 à Londres et en 1920 à Anvers. Mais la nouveauté qui retient l'attention, c'est l'introduction officielle de la devise des Jeux olympiques : *citius, altius, fortius* (« plus vite, plus haut, plus fort »), citation historiquement attribuée et prononcée à l'envi par le baron Pierre de Coubertin, président du Comité International Olympique, qui assiste à Ses derniers Jeux olympiques à ce poste. Mais il s'avère que cette devise n'appartient en rien à Pierre de Coubertin. *Citius, altius, fortius* date en réalité du 7 mars 1891, jour où Pierre de Coubertin est commissaire de la première épreuve sportive de l'histoire de l'association du collège Albert-le-Grand d'Arcueil. Ce collège est dirigé par l'abbé Henri Didon, ami de Coubertin, qui a inventé cette citation et l'a fait broder sur le drapeau de l'établissement à cette date. Depuis le 5 juillet 1924, c'est sur un autre drapeau, l'étendard olympique, que cette citation flotte.

Tarzan naît à Paris – 20 juillet 1920

La piscine olympique de Saint-Mandé est en ébullition au moment d'assister à l'épreuve reine du 100 mètres nage libre de ces septièmes Jeux olympiques de l'histoire moderne. Un Américain venu d'Hawaï, Duke Kahanamoku, double tenant du titre olympique, peut devenir le premier homme à conserver trois fois sa médaille d'or en trois olympiades. Mais il n'en est rien.

C'est un jeune homme de 19 ans, inconnu jusqu'alors, qui éclabousse le monde de son talent. Son nom : Johnny Weissmuller. Sous les yeux médusés des meilleurs nageurs du monde, il remporte la médaille d'or du 100 mètres avec une technique de nage encore jamais vue, en crawl avec la tête hors de l'eau. Mais au-delà de ses performances ou de son style, Johnny Weissmuller est avant tout un athlète à l'histoire incroyable. Après avoir émigré de Roumanie aux États-Unis, la famille Weissmuller doit faire face à la maladie du petit Johnny, atteint de poliomyélite. Son médecin lui conseille la natation pour guérir. Doté d'un physique hors norme, non seulement il guérit, mais il s'illustre rapidement dans son sport au plan national. Appelé pour les olympiades parisiennes, lui, l'apatride depuis la chute de l'Empire austro-hongrois, doit néanmoins tricher en empruntant l'identité de son jeune frère, né sur le sol américain, pour vivre son rêve. Le subterfuge fonctionne sans mal ; célébré en héros national avec deux autres titres olympiques en natation et une médaille de bronze en water-polo, il est reconnu américain dès son retour des Jeux.

Rapidement, le très beau jeune homme qu'il est devient la coqueluche des sponsors outre-Atlantique, et pousse même avec succès la porte des studios de cinéma d'Hollywood pour devenir le plus célèbre acteur jouant le rôle de *Tarzan* sur grand écran.

Le rescapé du Titanic – 21 juillet 1924

Avant de quitter l'histoire olympique pour de longues années après un nouvel échec organisationnel et une rupture devenue inévitable entre la Fédération internationale de tennis et le Comité International Olympique, le tennis offre une des plus fabuleuses histoires que le sport a connues. Le 21 juillet 1924, le double mixte conclut une compétition de belle valeur, et ce sont les États-Unis qui s'emparent des médailles d'or et d'argent tandis que les Pays-Bas s'arrogent la médaille de bronze. La finale entièrement américaine est logiquement dominée par la paire composée de Richard « Dick » Williams et Hazel Wightman. Les deux stars – Williams, double vainqueur de l'US Open et de Wimbledon, et Wightman, quadruple vainqueur de l'US Open – se congratulent et reçoivent leur médaille sous les ovations du public. Une médaille du plus précieux métal que Richard Williams n'aurait jamais dû remporter. Né en 1891 en Suisse, Richard est le fils de Charles Williams, avocat fondateur de la Fédération internationale de tennis. Le 10 avril 1912, il fait partie des 274 passagers qui embarquent pour les États-Unis depuis le port de Cherbourg, en France, à bord du plus prestigieux paquebot d'alors : le *Titanic,* qui effectue son voyage inaugural. Passager de première classe, Richard « Dick » Williams survit au naufrage le plus tristement célèbre du XXe siècle, le 15 avril 1912, dans l'océan Atlantique-Nord. Projeté dans les eaux glacées au moment où son père, Charles, est envoyé par le fond dans la chute d'une cheminée aux derniers instants hors de l'eau du *Titanic*, Richard Williams s'accroche à un canot de sauvetage, les jambes plongées dans l'eau glacée. Le jeune homme survit jusqu'à l'arrivée du *Carpathia* sur les lieux de la catastrophe. Pris en charge par les secours, il fait partie des 713 rescapés, mais un médecin recommande à Richard Williams l'amputation de ses membres inférieurs, trop gelés. Williams refuse, invoquant du haut de ses 21 ans sa carrière naissante de tennisman. Bien lui en prend : deux ans plus tard, il remporte son premier US Open. Le chemin vers la gloire olympique de ce 21 juillet 1924 est tracé.

1928

Amsterdam (Hollande). Le sport déclare sa flamme au monde

Du 17 mai au 12 août 1928,
à Amsterdam, aux Pays-Bas
3 297 athlètes, 46 pays,
20 disciplines pour 109 épreuves

Première flamme et premières femmes, les Pays-Bas sont fidèles à leur histoire en proposant deux avancées majeures dans l'histoire des Jeux olympiques, dont ceux de la neuvième olympiade, à Amsterdam, voient tour à tour un roi médaillé, une reine qui boycotte, la misère au coin de la rue, ou encore du cognac avalé qui conduit à la médaille. Les histoires ne manquent pas, y compris quand il s'agit d'une énorme boulette sur les médailles remises…

Nul en géo – 26 mai 1928

Dès 1923, le Comité International Olympique (CIO) décide de lancer un concours d'art pour les sculpteurs médaillés afin de créer de nouvelles médailles pour les Jeux olympiques d'Amsterdam en 1928. Ce concours d'art est remporté par un Italien, Giuseppe Cassioli. Ce peintre et sculpteur florentin a fabriqué une médaille avec, au revers, une foule portant un athlète, et à l'avers, Niké, la déesse grecque de la victoire tenant une couronne, avec une représentation du Colisée en arrière-plan qui laissait une place pour inscrire le nom de la ville hôte selon l'année. Saluée unanimement par les membres du Comité International Olympique, la représentation des futures médailles d'or, d'argent et de bronze a été validée puis les précieuses breloques envoyées à la fabrication en vue des huitièmes Jeux olympiques d'été de l'histoire moderne, dénommés de la sorte depuis l'apparition des Jeux d'hiver, en 1924. Seulement voilà, au moment de remettre les premières médailles de cette olympiade aux Pays-Bas à l'Inde, vainqueur du tournoi de hockey sur gazon le 26 mai 1928, l'erreur se fait jour. En voulant représenter le Parthénon d'Athènes, symbole absolu de l'olympisme, Giuseppe Cassioli s'est trompé et a représenté les contours du Colisée… de Rome ! Une erreur qui sera savamment cachée et souvent balayée d'un revers de main par le CIO, et qui ne sera rectifiée qu'en 2004, lors des jeux d'Athènes, où les organisateurs, relativement à cheval avec l'histoire des Jeux, ont remplacé le Colisée par le Stade panathénaïque, lieu des premiers Jeux modernes de 1896.

La reine fait de la résistance – 28 juillet 1928

Après que les sports collectifs ont désigné leurs équipes championnes comme de coutume, place est faite à la cérémonie d'ouverture officielle des Jeux de la neuvième olympiade, également connus comme étant les huitièmes Jeux olympiques d'été, organisés à Amsterdam. En ce 28 juillet, le tout neuf stade olympique de la ville est rempli des 40 000 spectateurs qu'il peut accueillir, et ce ne sont pas moins de 2 883 athlètes de 46 pays qui défilent avec – c'est une première – la Grèce comme pays de tête, référence directe au bassin de naissance de l'olympisme. Si la France boycotte ce défilé à la suite d'une sombre histoire d'interdiction de visite de stade alors que l'Allemagne est de nouveau admise dans les épreuves après son éviction depuis 1918, tous les pays sont au rendez-vous. Mais en tribune aussi, une absence fait parler. Si le prince Henri des Pays-Bas ouvre officiellement les Jeux olympiques, la reine Wilhelmine est tout bonnement absente. Depuis l'attribution des Jeux par le Comité International Olympique à Amsterdam, la reine des Pays-Bas a toujours fait savoir son opposition à l'accueil de ce qu'elle considère être une « manifestation sportive et païenne ». La reine concédera toutefois à quelques apparitions pendant les épreuves, notamment avec sa fille Juliana. Cet état d'esprit contestataire et résistant, Wilhelmine des Pays-Bas l'aura toute sa vie, y compris pendant la Seconde Guerre mondiale où, depuis Londres, elle dirigera de nombreuses opérations de résistance. Winston Churchill dira même d'elle : « Elle est le seul homme parmi tous les chefs d'État en exil. » Sacré hommage.

Patience, cognac et grande vie – 1er août 1928

Au sein du splendide Schermzaal d'Amsterdam, salle voisine du stade olympique spécialement construite pour accueillir les huitièmes Jeux olympiques d'été, la tension est à son comble en ce 1er août pour l'épreuve reine des six disciplines au menu : l'individuel. C'est un Français de 42 ans, Lucien Gaudin, qui est au centre des attentions. Et pour cause : il ne manque que cette médaille au palmarès de l'escrimeur français, véritable star de ce sport au niveau mondial. Depuis vingt-deux ans et trois olympiades, Lucien Gaudin échoue. Quand un choc à la tête lui fait perdre connaissance en début d'après-midi durant la poule finale, on craint le pire dans le clan tricolore. Revenu à lui, il avale un verre de cognac, deux aspirines et repart au combat. Au fil des joutes, Lucien Gaudin voit son énergie décroître. Les massages des soigneurs français le portent jusqu'à la finale, face à son quasi homonyme, l'Italien Giulio Gaudini. Cet assaut reste mémorable. Mené 2-1, 3-2 puis 4-3, Lucien Gaudin s'impose cinq touches à quatre et enlève la médaille d'or. Dans une ambiance de folie, il est porté en triomphe par ses entraîneurs et équipiers, mais en pleine célébration, il s'évanouit. Transporté par les services de secours, il sort de sa léthargie plusieurs heures plus tard et reçoit sa médaille en catimini. Fait unique dans l'histoire du sport français : il est nommé champion hors classe. Mais le fortuné banquier tricolore mène la grande vie et se suicide peu après, ruiné.

La misère du champion – 5 août 1928

Dimanche 5 août 1928, 17 heures 48. L'histoire de l'épreuve olympique du marathon bascule. Pour la première fois, la victoire revient à un Africain, l'Algérien Ahmed Boughéra El Ouafi, qui court pour la France. Sous son maillot bleu flanqué du numéro 71, le natif de Ouled Djellal savoure sa course parfaite et franchit la ligne en vainqueur après 2 heures 34 d'effort. Les portes de la gloire semblent enfin s'ouvrir pour l'ouvrier des usines Renault de Boulogne-Billancourt. Et les sirènes du professionnalisme ne tardent pas à le faire céder. Deux mois après sa médaille d'or, El Ouafi remporte 4 000 dollars (soit 54 000 euros en 2021) au Madison Square Garden pour remporter une course d'anciennes gloires. Toujours aux États-Unis jusqu'en 1930, le spécialiste du marathon travaille pour un cirque où il est payé pour courir contre des animaux. De retour à Paris, la sanction tombe, le Comité national olympique et sportif français (CNOSF) l'exclut pour professionnalisme. Il confie alors : « Au Chilien qui a terminé deuxième du marathon olympique derrière moi, son président a donné une villa ; moi, il m'a disqualifié. » Le retour en France marque le début de la descente aux enfers. Escroqué, il perd le petit café qu'il avait acheté, il retourne travailler en usine puis est renversé par un bus, accident qui entraîne son incapacité à travailler. À peine arrivé à l'âge de la retraite, il meurt le 18 octobre 1959, officiellement victime du mitraillage d'un bar à Saint-Denis par le Front de libération national (FLN), en pleine guerre d'Algérie.

950 MÉDAILLES ET PAS D'OR ! – 6 AOÛT 1928

Si le marathon des Jeux olympiques d'Amsterdam fut remporté par Ahmed El Ouafi, un concurrent américain avait pourtant toutes les qualités pour contester cette médaille au français. Son nom : Joie Ray. Chauffeur de taxi dans l'Illinois, le natif de Kankakee avait préparé mieux que quiconque son épreuve. D'abord spécialiste des distances du demi-fond, Ray arrive aux Pays-Bas après des courses folles et un palmarès d'une incroyable longueur : médaillé de bronze aux Jeux olympiques de Paris sur 3 000 mètres par équipe, il détient surtout 17 titres nationaux sur 1 500 mètres ainsi que d'innombrables courses remportées sur des distances voisines du mile, pour un total annoncé par les médias américains de 950 médailles. Pour cette dernière olympiade, Joie Ray veut passer la distance reine du marathon pour aller chercher la plus belle médaille qui soit. Sa préparation est intense. Le marathon de Boston 1928, dont il termine troisième, le marathon de Long Beach, qu'il remporte, et un autre marathon bien plus cocasse : le marathon de danse de 1 700 heures, dans le nord des États-Unis. Il déboule en grande forme à Amsterdam, et les premiers kilomètres le portent en tête. Mais malgré son courage, Joie Ray ne peut qu'accrocher la cinquième place après 2 heures 36 d'effort. Une immense déception mêlée à une immense douleur. Car si Joie Ray n'a pas remporté l'épreuve et accroché la seule médaille qui manquait à sa carrière, c'est parce que ses pieds ont tellement gonflé durant la course qu'il ne les sentait plus dans les 10 derniers kilomètres. Les médecins qui l'ont soigné à l'arrivée n'ont pu que découper les chaussures pour libérer ses pieds mutilés.

De l'or pour Sa Majesté – 9 août 1928

À quelques jours de la conclusion des Jeux de la neuvième olympiade, également connus pour être les huitièmes Jeux olympiques d'été, à Amsterdam, les épreuves de voile touchent à leur fin, et les finales des trois épreuves de voile au programme attirent les foules sur les bords du golf du Zuiderzee, au nord-ouest du pays. La météo est parfaite pour assister aux finales, et si la France remporte la catégorie des huit mètres avec une femme à sa gouverne en la personne de Virginie Hériot, la catégorie des six mètres fait elle aussi parler, puisque ce sont les Norvégiens qui l'emportent avec un parcours parfait, grâce notamment à la présence d'un duo père-fils composé de Johan et Erik Anker à bord. Mais la spécificité de cette équipe norvégienne est en plus à chercher dans le nom du troisième des quatre membres de l'équipage, un certain Alexander af Glücksborg, de son nom complet : Alexander Edvard Christian Frédérik af Glücksborg. Ce jeune homme de 25 ans attire tous les regards à sa sortie de compétition, et tous les journalistes norvégiens présents se prosternent même devant lui. Car Alexander af Glücksborg n'est autre que le prince héritier de Norvège Olaf V, fils du roi Haakon VII, à qui il succédera sur le trône en 1957.

Ascenseur émotionnel – 11 août 1928

La veille de la cérémonie de clôture de ces Jeux olympiques de 1928, la piscine olympique assiste à une nouvelle finale passionnante dans l'épreuve du plongeon. Après huit essais pour chaque plongeur, la victoire revient à l'Égyptien Farid Simaika, qui devient alors le premier ressortissant de son pays à être couronné champion olympique. Une fierté d'autant plus grande que ce dernier, qui vit aux États-Unis, a justement devancé deux Américains sur le podium. Dès la compétition achevée, le protocole invite les trois lauréats du podium à la cérémonie des médailles. Farid Simaika se place sur la plus haute marche, reçoit sa médaille d'or, et l'hymne égyptien retentit. Mais à peine descendu de la « boîte », le natif d'Alexandrie voit son triomphe réduit à peau de chagrin. Le jury lui signifie qu'il s'est trompé, et qu'à l'addition des essais, c'est l'Américain Pete Desjardins qui l'emporte, et que lui est classé deuxième à la moyenne générale. Amer, Farid Simaika rend immédiatement sa médaille d'or et reçoit une médaille d'argent à la place. Cet épisode propulse toutefois Simaika au rang d'idole nationale en Égypte, où il est toujours considéré comme le premier champion olympique de l'histoire du pays. Il devient ensuite pilote de chasse dans l'US Air Force, et perd la vie en 1943, abattu au-dessus de l'Indonésie pendant la Seconde Guerre mondiale.

1932

Los Angeles (États-Unis). Les temps modernes

Du 30 juillet au 14 août 1932,
à Los Angeles, aux États-Unis
1 925 athlètes, 47 pays,
21 disciplines pour 117 épreuves

Pour la deuxième fois, les États-Unis reçoivent les Jeux olympiques. Normal, puisque seul Los Angeles a posé candidature pour une organisation qui intervient en pleine crise financière mondiale, et dans une période où la montée des nationalismes laisse craindre le pire. Un écran de fumée pour les uns, une trêve pour les autres. Quoi qu'il en soit, les ingrédients sont là : village olympique trois étoiles, durée fixée définitivement à deux semaines et quotas exigés par nation. Charlot en tête de pont, le destin tragique d'un Japonais et 40 kilos pris pour une médaille, Los Angeles 1932 est démesuré.

Dans un cocon – 30 juillet 1932

À la veille d'une cérémonie d'ouverture annoncée comme grandiose, les athlètes des 37 délégations n'en croient déjà pas leurs yeux. Alors qu'on leur a annoncé une Amérique encore sous le coup du krach boursier de 1929, ils découvrent au contraire la grandiloquence locale grâce à un endroit qu'ils n'auraient jamais pu imaginer : le village olympique. Mis en place depuis 1924, le rassemblement géographique des athlètes n'est encore pas général. Mais à Los Angeles, les organisateurs ont mis les petits plats dans les très grands. Pas moins de 700 maisons sont préfabriquées et apportées sur le golf de la ville où ils bénéficient de tous les services, et même d'un hôpital en cas d'urgence. Les dames, elles, sont logées au Chapman Park Hotel, un palace local. Dans ce village olympique cinq étoiles naît pour la première fois le terme de « mascotte ». Smocky, un chien terrier noir, parade dans les rues du village avec un habit frappé des cinq anneaux et le mot « Mascot » inscrit sur son flanc. Un havre de paix, notamment pour les délégations européennes qui ont dû voyager pas moins de seize jours pour rallier Los Angeles depuis Le Havre.

Strass et paillettes – 31 juillet 1932

Dans le splendide stade Memorial Coliseum bâti en mémoire des soldats tombés lors de la Première Guerre mondiale, rempli de plus de 100 000 spectateurs, la cérémonie d'ouverture de ces Jeux de la 10e olympiade de l'histoire moderne est un véritable show. Pas moins de 150 chœurs et 300 musiciens entonnent l'hymne olympique devant les 1 048 sportifs des 37 délégations présentes. Clou du spectacle, le défilé avait été réglé au millimètre, notamment en intercalant la délégation britannique entre celle de la France et de l'Allemagne pour éviter tout incident. Tout cela sous les yeux de spectateurs prestigieux : Gary Cooper, les Marks Brothers, Clark Gable, Buster Keaton et surtout Charlie Chaplin, tous des stars mondiales de la culture. Une ouverture hollywoodienne.

Précision d'orfèvre – 1er août 1932

À l'instar de l'épreuve française cycliste du Tour de France qui voit apparaître la photo-finish, la technologie fait une singulière apparition lors de ces Jeux olympiques de Los Angeles en 1932 sur les courses de tous ordres. Que ce soit pour le vélo ou les courses en stade, le Comité International Olympique décide d'éradiquer les possibilités encore trop nombreuses d'avoir des concurrents à égalité sur les podiums. Jusque-là chronométrés manuellement par des juges, les coureurs sont enregistrés au centième de seconde près grâce à un appareil révolutionnaire, créé par Gustavus Town Kirby, ancien président du Comité national olympique américain et développé par la firme Omega. Ce sont ainsi 30 chronographes certifiés de haute précision qui font leur apparition sur l'anneau du Memorial Coliseum et qui ne tardent pas à montrer leur utilité, puisque sur la course reine du 100 mètres masculin, Eddie Tolan et Ralph Metcalfe sont départagés grâce au procédé. Arrivés tous les deux en 10 secondes 30, il est avéré avec précision que Tolan a signé 10 secondes 28, tandis que Metcalfe est arrivé en 10 secondes 32. Une précision de quatre centièmes encore jamais atteinte et qui fait toute la différence. Une semaine plus tard, lors du congrès qui a lieu en marge des Jeux olympiques, la Fédération internationale d'athlétisme étend le système de chronométrage à toutes ses épreuves jusqu'au 1 000 mètres.

Reine ou roi du 100 mètres ? – 2 août 1932

À peine les Jeux olympiques de la 10e olympiade de l'ère moderne commencés, le Memorial Coliseum de Los Angeles est en liesse, en ce 2 août 1932. Si le 100 mètres masculin avait tenu le monde en haleine la veille, c'est au tour des dames de se présenter au bout de la ligne droite. La grande favorite de l'épreuve est une Polonaise bien connue aux États-Unis, puisqu'elle a toujours vécu dans l'Ohio, Stanisława Walasiewicz. Mais à défaut de pouvoir obtenir sa naturalisation en vue des Jeux de la Cité des Anges, « Stella », de son diminutif, concourt pour son pays de naissance et remporte aisément la médaille d'or devant la Canadienne Hilda Strike. Un titre qui couronne déjà une formidable carrière pour la sprinteuse qui habite Cleveland et qui moissonne les succès avec, au total, pas moins de 100 records mondiaux et nationaux battus. Mais si celle qui devient Stella Walsh, une fois la nationalité américaine acquise, est au sommet de son art pendant des années, son apparence attise aussi les curiosités tant son physique est proche de celui… d'un homme ! Et ses principales adversaires, dès les Jeux olympiques de Los Angeles en cette année 1932, émettent toutes des doutes quant à sa féminité. Il faut attendre un demi-siècle pour avoir la réponse. Assassinée au cours d'un braquage en 1980 à Cleveland, le corps de Stella Walsh révèle finalement ses secrets au médecin légiste qui l'autopsie et conclut qu'elle était en réalité hermaphrodite !

Vous avez dit fair-play ? – 4 août 1932

Dans une journée de compétitions en tous genres marquée par des succès de l'Italie en cyclisme sur 100 kilomètres et en athlétisme, la Squadra Azzura célèbre un autre succès, celui de Giuseppe Olmo en escrime. Mais rapidement, cette journée spéciale pour les *tifosi* laisse place à un geste peu commun qui est également venu de l'escrime. Si l'Autrichienne Ellen Preis décroche le titre suprême dans l'épreuve individuelle du fleuret, la scène qui a précédé ce sacre est restée dans l'histoire. Alors que son adversaire, la Britannique Judy Guinness, avait d'abord été déclarée gagnante de la finale, cette dernière est allée voir les juges en leur expliquant qu'ils avaient oublié de compter deux touches à son adversaire, deux touches qui inversaient totalement l'issue du match. Au moment de monter sur le podium, c'est une médaille d'or qui est remise à Preis, tandis que Judy Guinness est ovationnée pour son fair-play et reçoit la médaille d'argent.

Plus c'est gros... – 7 août 1932

C'est sans combattre, grâce au succès du Tchèque Urban sur l'Allemand Gehring dans le dernier match de la poule finale, que Carl Westergren apprend qu'il vient d'être sacré champion olympique de lutte en ce 7 août 1932, dans le Grand Olympic Auditorium de Los Angeles. À 37 ans, le colosse suédois fond dans les bras de ses entraîneurs et co-équipiers de l'équipe nationale de lutte, ivre de joie. Sa dernière sortie en compétition se solde donc par un succès pour celui qui débarqua aux États-Unis pour ces neuvièmes Jeux olympiques d'été de l'histoire moderne, avec un palmarès incroyable, loti d'un titre mondial, de deux titres olympiques et trois titres européens. Mais ce troisième titre olympique, acquis dans la catégorie des poids lourds est spécial, car il couronne un exploit jamais réalisé. Carl Westergren complète ici une trilogie dorée, lui qui avait déjà remporté la médaille d'or en catégorie mi-lourds en 1924 et en catégorie moyens en 1920. Douze ans et 40 kilos après son premier succès, la boucle est bouclée.

La photo qui change tout – 13 août 1932

Le bassin olympique du Long Beach Marine Stadium fait le plein en ce jour de finales d'aviron. Toutes les disciplines sont sur le pont, soit en série, soit en demi-finales et finales. En deux de couple, le bateau français est composé des deux frères les plus connus de l'aviron tricolore : Fernand et Marcel Vandernotte. S'il se murmure que pour en arriver à ces Jeux aux États-Unis, les deux Nantais ont fait faux bond à leur club historique de Nantes pour rallier celui de Cognac, les deux rameurs demeurent pourtant favoris pour aller chercher une médaille. Au bord du bassin, les photographes se mêlent à la foule ; soudain, les deux frères français, bateau à quai, sont rejoints par une dame qui attire les projecteurs et les flashs. Son nom : Maureen O'Sullivan. Elle n'est autre que la très célèbre Jane de *Tarzan*, que le monde entier idolâtre alors. Surpris, Fernand et Marcel Vandernotte posent aux côtés de Maureen O'Sullivan, et dès le lendemain, la photo fait le tour du monde, à la une de tous les journaux people. Dommage collatéral ou non, s'ils ont atteint la célébrité, les Français ne dépasseront pas, en revanche, le stade des qualifications, et repartiront sans médaille de Los Angeles. Bredouilles, mais célèbres !

Destin magique, destin tragique – 14 août 1932

Au dernier jour de ces neuvièmes Jeux olympiques d'été, le stade du Memorial Coliseum de Los Angeles vit un moment unique avec le premier sacre de l'histoire des Jeux d'un athlète japonais en équitation, le baron Takeichi

Nishi. Cette médaille d'or, si elle est une surprise sur le plan sportif, est avant tout le résultat d'une aventure hors du commun. Orphelin à peine adolescent, Takeichi Nishi hérite d'une fortune colossale ; militaire passionné d'équitation, il est envoyé par son pays en inspection des installations des Jeux olympiques dès 1930. Le choc est total pour l'Asiatique, qui décide de rester aux États-Unis jusqu'aux Jeux olympiques de 1932. Il plonge dans le Los Angeles mondain et devient l'ami de stars hollywoodiennes comme Charlie Chaplin et Douglas Fairbanks. Grâce à Uranus, monture avec laquelle il noue des liens forts, la victoire leur sourit après avoir dompté un parcours que d'aucuns ont qualifié comme le plus difficile de l'histoire. Après les Jeux, il demeure dans la Cité des Anges. À la fois fêtard, bling-bling et héros sportif, Nishi est aussi célébré pour ses rodéos en voiture décapotable ou à moto qu'apprécié pour ses exploits sportifs et sa sympathie. Une vie de folie qui prend pourtant fin en 1945, rapatrié au Japon pour combattre durant la Seconde Guerre mondiale dans une division de char. Son lieu d'affectation est Iwo Jima, là où il tombe l'année suivante lors d'une des plus sanglantes batailles du Pacifique, sous le feu d'une Amérique qui l'avait tant aimé. Soixante-dix ans plus tard, le réalisateur Clint Eastwood en fait le personnage principal de son film à succès, *Iwo Jima*.

1936

Berlin (Allemagne). Reich, politique et propagande

Du 1er au 16 août 1936,
à Berlin, en Allemagne
4 483 athlètes, 49 pays,
25 disciplines pour 129 épreuves

Élu chancelier depuis 1933, l'obtention des Jeux olympiques de Berlin en 1936 est l'occasion rêvée pour Adolf Hitler de faire jouer tout son appareil de propagande du régime nazi par le sport pour conduire la race aryenne au sommet. Mais si Leni Riefenstahl, la réalisatrice allemande, est là pour porter les sportifs du *Reich* aux nues sur les images, tout ne se passe pas comme prévu. Des firmes automobiles allemandes battues, un homme noir héros sur la piste, le pire match de basket de l'histoire et des exploits français et américains qui sacrent deux gamins ont contrecarré la volonté de domination germanique.

Demi-tour, droite ! – 30 juillet 1936

L'avant-veille de la cérémonie d'ouverture, le stade olympique de Berlin s'apprête à recevoir les premiers médaillés des 10e Jeux olympiques d'été de l'histoire moderne. Et ce podium, c'est celui des sports automobiles, présentés en démonstration à l'occasion de ces Jeux de Berlin avec une épreuve à étapes, un rallye à travers l'Allemagne où 60 villes doivent être traversées en guise de points de contrôle. Un périple souhaité par Adolf Hitler pour mettre en avant les constructeurs allemands Volkswagen, BMW, Mercedes et Auto Union, notamment. Partis depuis le 22 juillet de toutes les villes d'Europe, les concurrents ont pour seule obligation de rejoindre l'arrivée à Berlin dans la journée du 30 juillet, entre 12 heures et 18 heures. Le suivi est pointilleux de la part du Comité International Olympique, qui voit arriver les premiers concurrents dès la fin de matinée du 30 juillet 1936 en périphérie de la capitale allemande. C'est alors que l'organisation s'aperçoit que le vainqueur est l'équipage britannique, qui est totalement féminin, composé d'Elizabeth Haig et Barbara Marshall, au volant d'une Stinger Le Mans 1500. Huschke Von Hanstein, au volant de sa BMW, termine deuxième, et le duo suisse formé par Paul Abt et Hanny Haig, sur une Riley, finit troisième. Un podium qui ne plaît absolument pas à Theodor Lewald, président du comité d'organisation. Furieux du revers concédé par les marques allemandes, il décide tout bonnement d'annuler le tour d'honneur prévu au stade olympique et de remettre les médailles aux lauréats en catimini.

En direct ! – 1er août 1936

La mise en scène est parfaite. Un stade de 100 000 spectateurs, le soleil, un pays tout entier derrière ses sportifs et un chancelier qui annonce « faire tout ce qu'il faut pour que les Jeux soient un succès ». Le Comité International Olympique est conquis avant même qu'Adolf Hitler ouvre ces jeux Olympiques de 1936, à Berlin. À la pointe de la propagande, le gouvernement allemand nomme la réalisatrice Leni Riefenstahl aux commandes de ses nombreuses caméras positionnées dans tout le stade de Berlin pour la cérémonie d'ouverture des 10e Jeux olympiques d'été de l'histoire moderne. Elle décide d'utiliser un nouvel outil à son profil : la télévision. La mise en place est colossale. Une tour d'émission est construite près du stade et relaye les images filmées par la Fernesh-Kanone, caméra spécialement mise au point par la firme Telefunken. Un studio de mixage est aménagé, et huit heures de reportages en direct sont proposées quotidiennement en circuit fermé pour les Berlinois. Plus de 160 000 personnes suivront les compétitions devant le petit écran. Devant 25 écrans géants disséminés dans Berlin et sa région, 150 000 personnes suivent les épreuves avec soixante-douze heures de retransmission livrées sur les quinze jours de compétition. Une première dans l'histoire, qui diffuse également le premier relais de la flamme olympique pour allumer la vasque des Jeux.

Drapeaux fous – 4 août 1936

Dans le Germany Hall, la finale de lutte libre des poids moyens offre un combat de titans le 4 août 1936. Le Français Émile Poilvé fait face à l'Américain Dick Voliva, et il faut plus de dix minutes de combat aux deux hommes pour parvenir à se départager. La victoire revient au tricolore Émile Poilvé qui est, comme tous les lauréats du podium de la journée, convoqué le soir même au stade olympique pour la cérémonie des médailles. Mais le soir venu, Adolf Hitler fait savoir qu'il est attendu à un dîner et doit rapidement boucler ladite cérémonie. Les podiums s'enchaînent et le protocole finit par se perdre. Une fois monté sur le podium, médaille autour du cou remise par Hitler, Émile Poilvé s'apprête à entonner *La Marseillaise* à pleins poumons. Mais au lieu de l'hymne français, c'est celui de la Turquie qui est lancé dans les enceintes du stade. Pire même : point de drapeau français hissé, mais celui… de l'Égypte ! Le protocole allemand s'aperçoit trop tard de sa double méprise qui fait écho à celle arrivée la veille, entre les pays d'Haïti et du Liechtenstein. Les deux nations se sont aperçu pour la première fois de leur histoire de la copie conforme qu'étaient leurs drapeaux. Depuis, le Liechtenstein a décidé d'ajouter une couronne dorée au sien.

Médailles de l'amitié – 5 août 1936

Devant 100 000 spectateurs aux anges, le concours de saut à la perche des 10e Jeux olympiques d'été de l'ère moderne reste un moment fort. Quelques minutes après avoir vécu la victoire de Jesse Owens sur 200 mètres, un nouveau morceau d'histoire se joue avec les plieurs de gaules. Earle Meadows s'impose avec un saut à 4,30 mètres, et les juges désignent les Japonais Shūhei Nishida et Sueo Ōe à la seconde place à égalité après un barrage à 4,20 mètres avec Bill Sefton (USA), laissant la délégation nipponne choisir qui de Nishida et de Ōe doit être médaillé d'argent et médaillé de bronze. Portés par la tradition, les Japonais désignent Shūhei Nishida médaille d'argent au bénéfice de l'âge et à celui du premier essai franchi, meilleur que son compère Sueo Ōe. Mais les deux athlètes, s'ils acceptent la décision de leur hiérarchie, réservent une surprise de taille à leur retour au pays. Ils s'en vont ainsi chez un fondeur où ils font découper leurs deux médailles par la moitié avant de faire souder une moitié argentée et une moitié bronzée pour créer deux médailles hybrides, aussi uniques qu'éternelles, symboles pour eux de leur égalité en ce jour d'août 1936, en Allemagne.

Revenue d'entre les morts – 9 août 1936

La course de relais sur 4 x 100 mètres revêt une dramaturgie toute particulière dans le colossal stade olympique de Berlin garni de 100 000 spectateurs, dont Adolf Hitler. Au départ de cette course, l'Allemagne est l'immense favorite, devant les États-Unis, la Grande-Bretagne et l'Italie. Et dès le coup de pistolet du départ, les Allemandes dominent leur sujet. Côté Américain,

Harriet Bland et Annette Rogers résistent jusqu'à ce que le bâton soit lâché à l'abord du dernier virage par Ilse Dörffeldt, au plus grand désespoir des milliers d'Allemands qui se taisent d'un coup en voyant les États-Unis franchir la ligne d'arrivée en tête avec Helen Stephens, qui a parfaitement assuré son passage de témoin avec l'héroïne de l'équipe, Betty Robinson. Cette dernière est d'ailleurs au septième ciel après cette course, car jamais la vie n'aurait dû lui permettre de décrocher ce titre. Placée au troisième relais, car incapable de plier un genou, Betty Robinson est en réalité une miraculée. Quelques années plus tôt, le 28 juin 1931 la sprinteuse star des États-Unis avait été victime d'un crash d'avion, à Chicago. Donnée pour morte, elle avait été transportée à la morgue, où un médecin légiste s'était aperçu qu'elle était encore en vie. Transférée dans un coma profond, elle a mis des mois à se remettre d'une commotion cérébrale et de multiples fractures aux bras et aux jambes. Opérée à maintes reprises, elle en est ressortie avec une jambe plus courte, mais a gardé sa vitesse en course. De quoi patronner les relais et décrocher le titre suprême. Sacrée résurrection.

Classe biberon – 11 août 1936

Les gradins de l'Imperial Sports Field de Berlin grondent en ce 11 août 1936, jour de finales des épreuves de natation. D'abord de mécontentement à l'arrivée du 200 mètres brasse féminin puisque l'Allemagne, sous haute pression à chaque épreuve, ne l'emporte pas. Martha Genenger termine deuxième, derrière une Japonaise, Hideko Maehata. La troisième pensionnaire de ce podium passe d'abord inaperçue avant de bénéficier d'une formidable ovation. Car en parvenant à monter sur le podium et donc à décrocher la médaille de bronze, la frêle Danoise Inge Sørensen devient la plus jeune médaillée de toute l'histoire des Jeux olympiques. Née le 18 juillet 1924, la native de Skovshoved a alors 12 ans et 24 jours. Quatre jours plus tard, dans la compétition de plongeon au tremplin de trois mètres, l'Américaine Marjorie Gestring devient quant à elle la plus jeune médaillée d'or de l'histoire de l'olympisme moderne. Le 15 août 1936, jour de sa victoire, elle a 13 ans et 268 jours. Records qui ne seront jamais battus.

Médaillé à 12 ans sous les yeux d'Hitler – 14 août 1936

Quand Noël Vandernotte raconte le grand épisode de sa vie sportive que furent les Jeux olympiques de Berlin, la date du 14 août 1936 sonne comme une consécration, même plus de quatre-vingts ans plus tard. « J'étais une curiosité, photographié tout le temps », se souvient le presque centenaire, décédé en juin 2020 à 96 ans. La raison ? Le barreur du quatre barré de l'équipe de France est trop léger de huit kilos, et doit ajouter un sac de lest à sa place dans le bateau emmené par ses deux frères Marcel et Fernand Vandernotte, ainsi que par Marcel Chauvigné et Jean Cosmat. Pas question de courir, de ramer ou de forcer pour celui que tout le monde appelle « Nono ». Son rôle ?

Avoir de la voix pour diriger, encourager et corriger les rameurs dans leur effort, permettre à tous ces musiciens de la rame d'être parfaitement dans le rythme pour que l'embarcation atteigne sa vitesse optimale. Au sein d'un collectif qui s'en va chercher une brillante médaille de bronze derrière les intouchables Allemands, incroyablement rapides sous les yeux du chancelier Adolf Hitler qui assiste au sacre. Dans la foulée, « Nono » Vandernotte rejoue la même partition avec le deux barré de Georges Tapie et Marceau Fourcade, pour une seconde médaille de bronze. Mais à l'heure de récupérer les deux précieux biens, point de Noël Vandernotte. Pas prévenu, le petit barreur se promène dans Berlin à l'heure où il aurait dû être sur le podium, au stade olympique. Les médailles lui reviennent dans la soirée des mains du chef de délégation française, et il devient alors le plus jeune médaillé français de l'histoire. Car le fameux « Nono » Vandernotte, barreur d'une précision d'orfèvre et double médaillé de bronze, n'est alors âgé que de 12 ans, 7 mois et 20 jours !

Cunningham, le feu sacré – 6 août 1936

À l'heure des courses de demi-fond, le stade olympique de Berlin n'a, pour une fois, que peu d'intérêt pour cette épreuve du 1 500 mètres. La raison est simple : aucun coureur allemand ne semble devoir figurer parmi les médaillables. Les favoris sont tous là, et parmi eux, l'Américain Glenn Cunningham est venu pour un podium. Sur un rythme peu élevé et laissant place à la stratégie, la course est fermée jusqu'à l'orée du dernier tour, où l'Australien Jack Lovelock se porte à hauteur de Cunningham et accélère. Les positions n'évoluent plus, et Cunningham s'assure un titre de vice-champion olympique et une médaille d'argent que personne n'aurait pu imaginer. À l'âge de 8 ans, il avait été victime de l'incendie de son école, dans le Kansas. Transporté à l'hôpital entre la vie et la mort, les médecins avaient préconisé l'amputation de ses jambes sévèrement brûlées. Mais face au désespoir de leur fils, les parents Cunningham avaient refusé. Une excellente décision !

Pour patauger dans la gadoue ! – 14 août 1936

Apparu une première fois lors d'une démonstration pendant les Jeux olympiques de Saint-Louis en 1904, l'heure de la consécration olympique est venue pour le basket en 1936, à Berlin. Commencé depuis le 7 août, le tournoi voit 22 équipes s'affronter, et en ce vendredi 14 août, la finale va désigner le premier pays médaillé d'or de l'histoire. En plein air et sur un terrain renforcé fait de terre battue, les équipes ont, pour l'heure, répondu aux attentes, avec des matchs rythmés où les États-Unis et le Canada ont offert le meilleur niveau pour se retrouver comme attendu, en finale. Mais alors que le public a répondu présent avec plus de 500 personnes massées autour du terrain, le match est insipide. Les points se font attendre et le tableau d'affichage peine à tourner. Après quarante minutes de jeu, les

États-Unis s'imposent sur un famélique 19 points à 8 ! Impensable. Mais pourquoi donc un si petit score ? Tout simplement parce que depuis quarante-huit heures, c'est une pluie continue qui s'abat sur Berlin. Le terrain en terre battue est devenu si boueux que le ballon ne peut plus rebondir ! Jamais plus le basket ne se jouera dehors, et jamais plus on ne marquera que 27 points dans un match.

Concours pas complet – 16 août 1936

S'il y a une épreuve qui est restée comme l'une des plus controversées des 10e Jeux olympiques d'été de l'histoire moderne, c'est bien celle du cross en équitation. D'abord par sa longueur : 36 kilomètres répartis en cinq phases différentes. Puis par les conditions météorologiques qui ont vu des trombes d'eau s'abattre sur le camp d'entraînement militaire de Brandebourg. Enfin, surtout par les nombreux pièges mis en place par l'organisation qui ont eu pour effet de voir l'épreuve se transformer en hécatombe, avec pas moins de 23 abandons sur les 50 concurrents en lice et, en prime, trois chevaux blessés laissés sur place. Coïncidence ou pas, tous les duos de la délégation allemande ont réussi à éviter les passages compliqués, à l'instar du médaillé d'or, Ludwig Stubbendorf et sa monture Nurmi, qui ne totalisent que 33 points de pénalité à leur arrivée en étant notamment impériaux dans le choix de leurs trajectoires. Normal, après s'être longuement entraînés sur le site en amont des Jeux olympiques… Une course qui reste également dans les annales puisqu'elle recèle le pire cavalier de l'histoire. Le Tchèque Otomar Bures et son cheval Mirko mettent 2 heures 36 pour boucler les huit kilomètres de l'avant-dernier parcours de l'épreuve, en y cumulant la bagatelle de 18 130 points de pénalité. Record mondial.

Repère

Ces 10e Jeux olympiques d'été, Jeux de la 11e olympiade moderne, sont les derniers avant la Seconde Guerre mondiale. Les suivants devaient avoir lieu entre le 21 septembre et le 6 octobre 1940 à Tokyo, au Japon, mais en 1937, la guerre sino-japonaise a contraint le pays du Soleil-Levant à y renoncer. Dans l'urgence, le Comité International Olympique a dû réattribuer ces Jeux de la 12e olympiade à Helsinki, en Finlande. Mais cette fois, c'est l'attaque du pays organisateur par l'URSS en novembre 1939, qui fit renoncer la capitale finlandaise. Les Jeux olympiques de la 13e olympiade, prévus quant à eux pour 1944, ont également été annulés à cause de la Seconde Guerre mondiale, mais les deux pays contraints d'annuler depuis 1940 ne seront pas oubliés après la guerre. En attendant, la flamme olympique s'éteint pour 4 365 jours, soit quasiment douze ans.

1948

Londres (Angleterre). La flamme se rallume

Du 29 juillet au 14 août 1948,
à Londres, en Angleterre
4 104 athlètes, 59 pays,
23 disciplines pour 136 épreuves

Après six années de conflit planétaire, le monde reprend doucement vie et les Jeux olympiques de 1948 sont offerts à un des symboles de la souffrance : la ville de Londres, en Grande-Bretagne. Symbole de résistance, Londres prévient : ces Jeux seront ceux de la renaissance, mais aussi ceux du réalisme. Seulement 400 000 livres sont accordées à l'organisation, soit 12 millions d'euros en 2021. C'est très peu, mais l'engouement aidant, les recettes sont énormes avec 500 000 livres récoltées, soit 15 millions d'euros. Sur le terrain, la mémoire est là avec un Français déporté qui renaît, un Argentin sauvé par son coiffeur, une Tchèque qui déserte et un Suédois qui triche ; tous alimentent la chronique.

Le gîte offert, pas le couvert ! – 25 juillet 1948

En cet été 1948, le rationnement est encore de mise dans la plupart des pays impactés par la Seconde Guerre mondiale. Londres, capitale durement touchée, entame à peine sa reconstruction, et les Jeux olympiques ne sont pas la priorité dans l'esprit de bon nombre d'Anglais. Mais l'invitation à la fête sportive est très suivie. Ainsi, ce ne sont pas moins de 59 pays et 4 000 participants en plus des délégations qui rallient l'île britannique. Seul souci – et de taille ! – : la nourriture est encore rare. Qu'à cela ne tienne, les délégations décident de ne pas laisser leur nourriture à la charge de l'Angleterre et amènent la leur. Les États-Unis montrent la voie et emportent dans leurs bagages 24 tonnes de bœuf, six tonnes de veau, autant d'agneau et de porc, mais aussi 12 tonnes de sucre et 25 000 tablettes de chocolat ! Un stock qui doit servir à nourrir tous ceux qui portent le *Stars and Stripes* à l'encolure de leur survêtement. La France veut faire de même. Ce sont ainsi 200 tonnes de marchandises qui sont envoyées vers le port de Calais afin de traverser la Manche par bateau. Mais une fois arrivée dans le port de la Côte d'Opale, toute la nourriture est avariée. À son expédition depuis Paris, les convoyeurs avaient oublié de charger de la glace dans les wagons frigorifiques.

Le Grand exemple, cet inconnu – 28 juillet 1948

Après avoir parfaitement géré sa série du 200 mètres brasse dans le bassin olympique londonien, le nageur français Alfred Nakache, qui vit ses derniers Jeux, espère bien atteindre la finale de son épreuve favorite. Mais il n'en est rien. En ce 28 juillet 1948, le natif de Constantine, en Algérie, quitte la scène internationale sans médaille olympique malgré son statut de nageur star avant la guerre, lui qui avait notamment terminé à la quatrième place du relais 4 x 100 mètres nage libre à Berlin, en 1936. Discret comme à son habitude, Artem, de son surnom, regagne les vestiaires, où il se rhabille sans bruit. Après avoir honoré quelques heures avant sa dernière sélection en

équipe de water-polo avec la France, battue, c'en est terminé des chances de consécration mondiale du doyen de la délégation des nageurs tricolores. Pourtant, les souvenirs remontent inlassablement dans la tête du solide gaillard. Déporté depuis Toulouse, sa ville d'exil, jusqu'à Auschwitz en décembre 1943, le Juif algérien avait échappé aux camps et aux marches de la mort au cours desquelles il était arrivé à Buchenwald, sommet de l'horreur, dont il fut libéré en avril 1944. Revenu en catimini à Toulouse, il réapparut dans les journaux dès l'automne 1944 : « un mois après être rentré, amaigri, celui qu'on avait cru perdu pour le sport signe 1 minute 16 aux 100 mètres et reste notre meilleur papillonneur », écrit le quotidien d'Aragon. Le champion que tout le monde croyait mort quelques semaines avant – inaugurant même une piscine Nakache en sa mémoire à Toulouse –, y déclare timidement : « Physiquement, je reprends le dessus, mais le moral est touché. » Il décède à 67 ans, en 1983. L'État d'Israël lui décerne le Trophée du Grand exemple dix ans plus tard, et la natation mondiale l'honore dans son Hall of Fame depuis 2019. Pas mal pour un champion si méconnu, dans son propre pays.

In memoriam – 29 juillet 1948

En ce 29 juillet 1948, après 4 365 jours d'absence dus à la Seconde Guerre mondiale, les Jeux olympiques font leur retour à Londres, ville martyre par excellence autant que symbole de la Résistance pendant les années noires, entre 1939 et 1945. Le Comité International Olympique veut marcher dans les traces de Pierre de Coubertin et d'Henri de Baillet-Latour, ses deux présidents défunts en 1937 et 1942, en faisant renaître le mouvement olympique avec l'enthousiasme de la liberté retrouvée. Ainsi, l'armistice du 8 mai 1945 signé, le CIO, par l'entremise de son président intérimaire Sigfried Edströem, convoque un vote de désignation de la ville devant accueillir les Jeux de la 13e olympiade, à l'été 1948. Face à Lausanne et quatre villes américaines que sont Baltimore, Los Angeles, Minneapolis et Philadelphie, c'est Londres qui est désignée dès février 1946, malgré l'opposition véhémente de certains hommes politiques britanniques qui évoquent les finances et structures exsangues de leur pays et la nécessité de reconstruction avant de penser aux Jeux. En France, l'enthousiasme de voir le rendez-vous quadriennal ressusciter est réel. Ce sera cependant sans l'athlète Georges André, le cavalier Charles Marion, le rugbyman Étienne Piquiral ou les escrimeurs Georges Tainturier et Paul Wormser, tous médaillés olympiques tricolores et morts pour la France, pendant la Seconde Guerre mondiale.

Guttman, un bon bonhomme – 29 juillet 1948

Le monde est encore perclus des cicatrices de la Seconde Guerre mondiale quand les Jeux olympiques font leur réapparition à Londres, en 1948. Symboles du retour à la vie en paix, ces Jeux ne sont pas les seuls à permettre au monde de respirer à nouveau. Dans la banlieue de Londres, l'hôpital de Stoke Mandeville décide de profiter de la venue des Jeux pour organiser les siens : « les Jeux de Stoke-Mandeville », appelés également « Jeux mondiaux des chaises roulantes et des amputés ». Les potentiels concurrents sont très nombreux dans cet établissement spécialisé dans le soin et la rééducation des blessés de guerre, pour la plupart revenus paraplégiques. À l'initiative de ces Jeux d'une ère nouvelle, le directeur de l'hôpital : docteur Ludwig Guttman. Pendant la guerre, alors qu'il avait pour mission de sauver d'une mort certaine les combattants et civils atteints à la moelle épinière, il avait saisi avant tout le monde l'importance du sport dans le rétablissement psychologique des blessés.

Deux équipes sont constituées et mises en compétition dans deux sports : le basket et le tir à l'arc. Malicieusement, et pour bénéficier de la couverture mondiale des épreuves olympiques, les rencontres de ces « Jeux mondiaux des chaises roulantes et des amputés » sont prévues le 29 juillet à 15 heures, soit le même jour et à l'heure précise de la cérémonie d'ouverture des 11e JO d'été de l'histoire moderne, dans la capitale anglaise. Les premiers Jeux paralympiques de l'histoire venaient de naître, grâce à la lumineuse idée du docteur Guttman.

La femme qui voyait double – 4 août 1948

Cinq jours après son titre olympique acquis au lancer du poids, la Française Micheline Ostermeyer est engagée à la surprise générale dans le concours de lancer du disque. Surprise pour elle d'abord, qui pratique cette discipline depuis quelques semaines seulement, fruit du potentiel détecté par les sélectionneurs de l'équipe de France. Un coup de génie, car Micheline Ostermeyer envoie le disque à 41,92 mètres, suffisant pour aller décrocher un second titre olympique. Celle qui a passé toute son enfance et la Seconde Guerre mondiale en Tunisie est consacrée, mais elle met rapidement les choses au point après ce double sacre olympique. Le sport n'est pas et n'a jamais été une finalité pour la native de Rang-du-Fliers (Hauts-de-France). Sa vraie passion, c'est la musique, et le piano en particulier. À tel point qu'avant ces Jeux de Londres, elle a remporté le premier prix du conservatoire de Paris : « Je consacre cinq à huit heures par jour au piano et cinq heures à huit heures par semaine au sport », explique la maestro, détachée des exploits sportifs qu'elle réalise. La double carrière est exceptionnelle, avec des prix autant en musique qu'en sport. Mais si elle demeura une pianiste de renommée mondiale jusqu'à la fin de sa vie, elle stoppa sa carrière avant même de pouvoir remettre ses titres en jeu, aux JO d'Helsinki.

Garde à vous ! – 9 août 1948

C'est la ville militaire d'Aldershot et son stade militaire qui sont chargés d'accueillir les épreuves équestres de ces 11e Jeux olympiques d'été. En ce premier jour de concours, le dressage par équipe attire les foules. L'Allemagne, traditionnelle nation favorite de l'épreuve, n'est pas invitée et les supputations vont bon train quant à la nation capable d'aller chercher l'or en fin de journée. Il s'avère que la Suède est celle-là. Largement dominatrice, l'équipe scandinave écrase la concurrence, relègue la France deuxième et les États-Unis troisièmes, nettement derrière elle. Ovation, remise de médailles et félicitations en tous genres pleuvent sur l'équipe de Suède, jusqu'à celles du roi Gustav V. Adolf Boltenstern, Henri Saint Cyr et Genhall Persson sont des héros à leur retour au pays. Mais la médaille acquise perd rapidement son éclat pour les Vikings. Un mois après la victoire, et alors que le règlement exige que les compétiteurs soient des officiers militaires pour être admis à concourir, il est découvert que Gehnall Persson avait été promu officier uniquement le temps des Jeux de Londres. C'est le secrétaire général de la Fédération équestre internationale, le Français Georges Hector, qui découvre la supercherie et s'empresse de monter un dossier à l'attention du Comité International Olympique. Saisi, l'organe suprême olympique ne peut que disqualifier la Suède au profit de la France, qui remporte le titre olympique devant les États-Unis. Le Portugal, alors quatrième, est officiellement médaillé de bronze. Furieuse, la Suède attend jusqu'au mois de décembre 1949 pour renvoyer médailles et distinction à la France, quelques mois avant que le règlement ne soit modifié et autorise tout athlète, officier militaire ou pas, à prendre part aux compétitions équestres.

Merlan l'Enchanteur ! – 10 août 1948

Au matin du 10 août 1948, les 84 haltérophiles de la catégorie des poids moyens se présentent un à un dans les allées du Earls Court Exhibition Centre de Kensington, dans la banlieue de Londres, pour se soumettre aux vérifications protocolaires liées à la tenue de cette finale. Les États-Unis et leurs favoris, Frank Spellman et Pete George, passent en premier, suivis des représentants de Corée, de France, ou encore d'Égypte et du Canada. Au programme, vérification d'identité et surtout contrôle précis du poids. En l'occurrence, cette catégorie des poids moyens autorise à participer des hommes affichant un poids allant de 67,5 à 75 kilos. Arrive alors la délégation argentine. Si le premier représentant, Julio Bonnet, est parfaitement dans cette strate à 72 kilos, un problème survient pour son compatriote Juan Rosso, qui affiche un poids de 75,058 kilos sur la balance. À 58 grammes près, les juges ne valident pas sa présence et lui laissent 30 minutes pour trouver une solution. Les entraîneurs argentins tentent alors le tout pour le tout en faisant venir en urgence un coiffeur ! Ce dernier rase totalement la tête de l'athlète sud-américain. La seconde pesée est la bonne : Juan Rosso a la boule à zéro, mais pèse cette fois 75 kilos et peut participer à la finale olympique.

Repère

L'entraîneuse de l'équipe de Tchécoslovaquie de gymnastique féminine, Marie Provazníková, est la première athlète de l'histoire moderne à quitter les Jeux olympiques pour fuir son pays et passer à l'Ouest, autrement dit privilégier la vie occidentale au communisme du bloc de l'Est. Elle explique son refus de regagner son pays par « l'absence de liberté d'expression, de la presse et de réunion » après le coup d'État de Prague, intervenu en février 1948.

1952

Helsinki (Finlande). Chaleur humaine et guerre froide

Du 19 juillet au 3 août 1952,
à Helsinki, en Finlande
4 955 athlètes, 69 pays,
29 disciplines pour 149 épreuves

Privés de JO en 1944 alors qu'ils les avaient obtenus, les Finlandais voient débarquer le grand cirque olympique avec passion en 1952. Les 12e Jeux olympiques d'été à Helsinki sont ceux de la diplomatie mondiale en pleine guerre froide. Et ceux de nombreuses histoires folles.

Les trois bandes contre une bouteille de whisky, un incident diplomatique avec un paradis fiscal, un duel de services secrets et un curé en lévitation, les Jeux de la 15e olympiade ont tout bon.

Les villages de la Guerre froide – 15 juillet 1952

Les Jeux olympiques d'Helsinki en 1952 sont considérés comme les premiers lors desquels la guerre froide opposant les États-Unis à l'URSS est au centre des attentions. Pour faire face aux différentes pressions venant des blocs dits de l'Est, avec le retour de l'URSS exclue depuis 1917, et de l'Ouest, avec des États-Unis survoltés, la Finlande a proposé une organisation encore jamais vue autour du village olympique. On devrait d'ailleurs plutôt dire des villages olympiques. Car pour que tout le monde puisse cohabiter dans un contexte international extrêmement difficile et en proie à de nombreuses tentatives d'enfumages et récupérations symboliques, l'organisation olympique a décidé de construire la bagatelle de trois villages olympiques distincts et distants. Rien de moins. Les deux premiers villages sont bâtis à Käpulä pour les athlètes des démocraties occidentales – villages séparés pour les hommes et pour les femmes. À 230 kilomètres de là, le second village olympique construit par les Finlandais voit tous les athlètes – hommes et femmes – des pays du bloc de l'Est emménager à Otaniemi, sur les bords de la mer Baltique. Chacun chez soi.

Recyclage malin – 18 juillet 1952

Un colosse qui court nu, les cinq anneaux olympiques en haut avec en arrière-plan l'Europe et la Finlande mise en exergue, le tout flanqué d'un *Olympic Games Helsinki Finland*, l'affiche proposée pour promouvoir les Jeux de la 15e olympiade de l'histoire moderne fait mouche et reprend tous les symboles souhaités par le Comité International Olympique. Du bel ouvrage, encore plus quand on sait qu'elle n'a rien coûté au comité d'organisation. En effet, en 1936, le CIO avait attribué les Jeux d'été de 1940 à Tokyo – jeux annulés en 1938 après le forfait du Japon qui voulait consacrer le moindre de ses yens à ses dépenses militaires dans une période de préconflit planétaire. Sans attendre, et toujours dans l'espoir d'organiser ses Jeux en 1940, le CIO réattribue les épreuves à Helsinki, en Finlande. Sous la houlette de Ernst Krogius, l'affiche fut alors confiée à Ilmari Sysimetsä. En vain, puisqu'en raison de l'entrée en guerre en 1939, les Jeux olympiques sont officiellement annulés. Douze ans après, au moment de choisir la nouvelle affiche des Jeux revenus dans la capitale finlandaise, l'affiche de 1940 est immédiatement ressortie des tiroirs, avec seules les dates de changées. Un recyclage sans frais et à fort apport symbolique.

Trois pour le prix d'une ! – 19 juillet 1952

Pressenti comme étant les Jeux de la diplomatie par le sport, sept ans après la fin de la Seconde Guerre mondiale, le rendez-vous d'Helsinki, 12e du nom quand on parle de Jeux olympiques d'été de l'ère moderne, débute par une cérémonie d'ouverture chargée de symboles. Le 19 juillet 1952, le stade olympique de la capitale de Finlande est comble : 70 000 spectateurs sont là pour apercevoir les

4 955 athlètes des 69 pays engagés défiler au pied de leur drapeau national. Au centre des attentions, le retour de l'Allemagne, après son bannissement de 1948 à Londres, fait évidemment les choux gras de la presse. Mais cette Allemagne jamais avare en surprise se présente officiellement unie sous une même bannière, sans distinction de population de l'Ouest ou l'Est. La vérité est toute autre : il n'y a aucun athlète venu de l'Allemagne de l'Est dans la délégation germanique. Deux Allemagne officiellement représentées pour le prix d'une, et même mieux, car l'incongruité vient de la présence d'une troisième Allemagne dans le défilé. La Sarre, région allemande dotée de son propre comité olympique reconnu par l'instance internationale, est également là, lotie de 31 athlètes. C'est une première, mais aussi une dernière pour la Sarre, qui ne ramène aucune médaille de Finlande et voit son comité dissous juste après l'olympiade, avant d'être officiellement rattachée à la République Fédérale d'Allemagne, en 1957.

Au septième ciel – 22 juillet 1952

Trois jours après une cérémonie d'ouverture haute en couleur, les Jeux de la 15e olympiade de l'histoire moderne, franchissent un premier pas dans l'euphorie populaire du stade olympique d'Helsinki. À peine remis de leurs émotions sur le 100 mètres féminin qui a vu la victoire de l'Australienne Marjorie Jackson, ce sont les États-Unis qui brillent de mille feux dans la spectaculaire épreuve du saut à la perche. Le duel entre Bob Richards et Don Laz, les deux sauteurs d'outre-Atlantique, fait des étincelles. Derrière, seul le Suédois Ragnar Lundberg tient la distance, mais il doit s'avouer vaincu à une barre de 4,45 mètres. La finale des finales tient le stade en haleine. Les deux perchistes américains s'en donnent à cœur joie, et à son ultime essai, c'est Bob Richards, qui l'emporte avec un saut à 4,55 mètres. L'ovation est sublime et les journalistes présents se massent autour du nouveau champion olympique. Quatre ans après une médaille de bronze à Londres, Robert Eugene Richards, de son nom complet, savoure et remercie le ciel. Ce geste n'a rien d'anodin pour celui qui déclare, non sans humour : « Je suis le seul prêtre au monde qui tente d'aller au ciel par mes propres moyens… » Surnommé *The Vaulting Vicar* (« le pasteur volant »), Bob Richards est ministre du culte Dunkards, fraternité chrétienne de l'Illinois, son état de naissance. Ce sacerdoce le porte encore après la Finlande, puisque lors des JO suivants (à Melbourne, en 1956), il devient le premier et encore le seul sauteur à la perche à être double champion olympique. Grâce divine !

FBI contre KGB ! – 25 juillet 1952

En plein milieu des épreuves de ces Jeux de la 15e olympiade à Helsinki, si la tension n'est jamais au rendez-vous chaussures aux pieds alors que les deux pays se livrent une lutte sans merci sur le plan diplomatique, le 3 000 mètres steeple est un sommet du duel États-Unis–URSS dans les symboles qu'il recèle. Un peu plus de huit minutes de course, 35 obstacles à franchir, dont sept suivis d'une large pièce d'eau, et deux favoris : l'Américain Horace Ashenfelter et le Soviétique Vladimir Kazantsev. La course est folle, et à l'orée du dernier obstacle d'eau, impossible de dire qui des États-Unis ou de l'URSS va prendre le dessus. Une anicroche dans la réception de Vladimir Kazantsev permet à Horace Ashenfelter de filer décrocher la lune et la fameuse médaille d'or en établissant, cerise sur le gâteau, un nouveau record du monde de la discipline en 8 minutes 45 secondes 04. Aux anges, Horace Ashenfelter monte dans la tribune rejoindre son épouse pour partager le moment de grâce. À peine descendu du podium médaille autour du cou, l'heureux natif de Phoenixville, en Pennsylvanie, reçoit une foule de télégrammes de félicitations au sein desquels il trouve celui de John Edgard Hoover, patron du *Federal Bureau of Investigation*, le fameux FBI. Une reconnaissance peu commune, mais on ne peut plus légitime, puisque Horace Ashenfelter fait tout simplement partie du FBI et sert comme agent aux renseignements intérieurs, après avoir été pilote de chasse dans l'US Army depuis 1942. Avec aplomb et un sourire au coin des lèvres, il répond alors aux journalistes : « Jamais un Américain n'a été aussi heureux que moi d'avoir un Russe courant derrière lui. » Assurément.

Irréparable bourde – 26 juillet 1952

Le stade olympique d'Helsinki a encore fait le plein pour une passionnante journée, bien qu'encore humide, de compétition d'athlétisme dans ces 12e Jeux olympiques d'été de l'histoire moderne. En ce samedi, place est faite aux semi-fondeurs, avec une très attendue finale du 1 500 mètres. La course est splendide et accouche d'une des plus grandes surprises de l'histoire : la victoire d'un formidable outsider, le Luxembourgeois Josy Barthel. Si le jeune homme avait montré quelques aptitudes internationales au sortir de la Seconde Guerre mondiale, rien ne le plaçait toutefois comme un candidat à la médaille d'or. Fou de joie à l'arrivée, tout s'enchaîne pour Josy Barthel. Photos, interviews et surtout cérémonie protocolaire. C'est l'heure pour lui, à peine remis de son épreuve, d'aller chercher sa médaille du plus précieux métal. Ainsi, les haut-parleurs résonnent du nom des trois pensionnaires de ce podium olympique : Werner Lueg, médaille de bronze (Allemagne), Bob McMillen, médaille d'argent (États-Unis), et Josy Barthel, médaille d'or (Luxembourg). Tour à tour, les trois coureurs montent, saluent le public et reçoivent leur bien. Vient alors le temps de l'hymne national du vainqueur. Et c'est là que tout bascule. Positionnée au milieu du stade olympique, la fanfare chargée de jouer l'hymne est désorientée, sans ressource et n'entame pas le morceau. L'incompréhension s'installe, et après quelques instants, quelques notes partent de l'orchestre. Josy Barthel fond en larmes à l'écoute de cette musique. Mais pas par émotion.

Plutôt par dépit et immense déception. La fanfare des Jeux ne joue pas l'hymne national du Grand-Duché du Luxembourg, mais un air totalement improvisé. L'organisation n'avait en effet pas fourni la moindre partition des notes de l'hymne luxembourgeois, pays considéré comme incapable de glaner la moindre médaille !

La vraie marque aux trois bandes – 27 juillet 1952

Le marathon est la dernière grande épreuve d'athlétisme des 12e Jeux olympiques d'été de l'histoire moderne, en Finlande. Le duel entre le Tchécoslovaque Emil Zátopek et le Français Alain Mimoun est extraordinaire depuis le début de la quinzaine olympique. Les deux se sont affrontés sur 10 000 mètres et 5 000 mètres ; pour finir, les 42,195 km de la distance reine doivent offrir le dernier volet de cette confrontation. Emil Zátopek a déjà battu deux fois Mimoun, et la légende prend encore plus d'épaisseur quand, sur ce marathon terminal, le Tchécoslovaque devient le premier – et encore le seul aujourd'hui – à s'offrir une triple médaille dorée sur les trois épreuves de fond d'un programme olympique. Si Emil Zátopek devient une légende, c'est surtout son équipementier qui se frotte les mains, le Finlandais Karhu. Cette petite marque de vêtements entend bien profiter de la venue des Jeux dans son pays de naissance pour asseoir son développement économique. L'affaire est plutôt réussie, se dit-on, avec les trois médailles de Zátopek et les 15 gagnées au total par des athlètes portant les fameuses trois bandes, logo inamovible de la marque. Mais ces trois bandes floquées sur chaque vêtement ou équipement ont attiré le regard d'un autre équipementier, l'Allemand Adolf Deissler, fondateur et propriétaire de la marque Adidas. Et ce dernier se frotte encore plus les mains avec toutes ces breloques, car en 1951, l'année précédant ces Jeux d'Helsinki, il a conclu un accord avec Ab Sport Artiklar, la compagnie fondatrice de la marque Karhu, pour récupérer tous les droits du logo aux trois bandes au terme d'une transaction incroyable. Son montant ? Mille six cents euros et deux bouteilles de whisky !

L'homme à la main arrachée – 28 juillet 1952

À quatre jours de la fin des 12e Jeux olympiques d'été de l'histoire moderne, le *Malmi Shooting Range* d'Helsinki, qui accueille les épreuves de tirs, est en ébullition. L'épreuve de tir en rapidité aux 25 mètres est convoitée par le champion olympique en titre et star du tir mondial, le Hongrois Károly Takács. Ce dernier maîtrise encore parfaitement son sujet et conserve son titre sans coup férir devant son compatriote Szilárd Kun et le Roumain Gheorghe Lichiardopol. Dominateur, Károly Takács n'aurait pourtant jamais dû l'être, tant le destin ne l'a pas gâté. Sergent dans l'armée hongroise, il est exclu de la sélection de son pays parce qu'il n'est pas officier lors des Jeux de Berlin, en 1936. À nouveau sélectionnable pour ceux de Tokyo prévus en 1940, il a vu à nouveau son rêve olympique s'envoler quand, en manœuvre avec son corps

d'armée, une grenade défectueuse lui a explosé dans la main droite et pulvérisé le membre. Malgré plusieurs tentatives, les chirurgiens de l'hôpital de Budapest doivent se résoudre à amputer le jeune homme. La Seconde Guerre mondiale passe ; Károly Takács y survit, mais le tir ne semble plus devoir le consacrer avec son unique main gauche, encore valide. Mais depuis son accident, le Magyar combat la fatalité en s'entraînant en secret, dans l'espoir de retrouver son niveau de droitier. Les JO de Londres arrivent en 1948, et vainqueur de son championnat de Hongrie, le natif de Budapest y est qualifié. La suite est du ressort de la légende, avec ses deux consécrations olympiques d'affilée, dont celle fêtée à Helsinki, à 42 ans.

Trop vieille pour nager – 31 juillet 1952

Les Jeux de la 15e olympiade touchent à leur fin, et au lendemain du sacre du français Jean Boiteux sur 400 mètres, première médaille d'or de l'histoire de son pays en natation, une polémique enfle dans les médias hexagonaux. En plus de Jean Boiteux chez les hommes, une femme du nom de Monique Berlioux était elle aussi sur les listes de potentielles médaillées olympiques. Mais Monique Berlioux n'est même pas présente en Finlande. Pas question de blessure ou de méforme, mais plutôt d'une non-sélection dont le président de la Fédération française de natation, Arthur Lemoine, a bien du mal à se justifier : « Il faut laisser la place aux jeunes, à 28 ans, Monique Berlioux est trop vieille », dit-il alors au journal *L'Équipe*. Seulement voilà, aucune autre nageuse n'est sélectionnée à la place de la meilleure spécialiste française du dos. En réalité, les dirigeants de la natation française n'apprécient pas le franc-parler de la native de Metz, qui essaie alors d'implanter les ballets nautiques et la nage en grand fond en France. Éjectée, Monique Berlioux prend sa revanche une fois sa carrière terminée en devenant directrice générale du Comité International Olympique…

Repère

L'Allemagne et le Japon sont à nouveau invités à se mêler aux joutes olympiques, tout comme l'Union des Républiques Socialistes Soviétiques, qui n'avait jamais été conviée sous ce nom à la grand-messe quadriennale du sport mondial, et dont la mère patrie de Russie avait été exclue après la révolution bolchevique de 1917. Au total, ce sont 13 nouvelles nations qui découvrent les JO en 1952, dont le Ghana et le Nigéria chez les pays africains.

1956

Melbourne (Australie). Les Jeux du bout du monde

Du 22 novembre au 8 décembre 1956,
à Melbourne, en Australie
3 314 athlètes, 72 pays,
23 disciplines pour 151 finales disputées

Boycott, bain de sang, embrouille entre têtes couronnées et charte olympique bafouée, les souvenirs de ces Jeux olympiques de 1956, premiers du nom organisés dans l'hémisphère sud, ne sont pas forcément reluisants au premier abord. Pourtant, l'organisation est, elle, lotie d'un budget conséquent et offre des conditions de pratique et de logement optimales et réfléchies, à l'instar du village olympique qui connaît une seconde vie surprenante. Autre fait marquant qui fit le tour du monde : l'entrée groupée de tous les athlètes dans le stade pendant la cérémonie de clôture, le 8 décembre 1956, sur une idée d'un jeune Australien, John Ian Wang. Au nom de l'unité mondiale.

Repère

Pour la première fois depuis l'ouverture de leur ère moderne en 1896, les Jeux olympiques sont le théâtre de boycott de la part de certaines nations. Ainsi, en signe de protestation à l'intervention soviétique à Budapest en octobre 1956, l'Espagne, la Suisse et les Pays-Bas refusent de se rendre en Australie. De la même manière, l'Égypte, le Liban et l'Irak sont eux aussi absents, en guise de protestation à l'affaire du Canal de Suez entre Égypte et Israël, alors que la Chine populaire, qui ne veut pas croiser Taïwan, quitte le village olympique le 21 novembre 1956, veille de la cérémonie d'ouverture. Ambiance.

Charte bafouée – 22 novembre 1956

Ces Jeux olympiques de la 16e olympiade, également connus comme étant les 13e Jeux olympiques d'été, ont lieu à des dates totalement incongrues. Une cérémonie d'ouverture célébrée le 22 novembre 1956, une clôture prononcée le 6 décembre, avec au préalable des épreuves déjà disputées entre le 10 et le 17 juin précédents… Bref, la charte olympique édictée par Pierre de Coubertin lors du rétablissement des Jeux olympiques à partir de 1869 vole en éclats. Deux raisons à cette rupture totale et unique. Tout d'abord en attribuant les Jeux à Melbourne dès 1949, les membres du Comité International Olympique ont ignoré la loi australienne, qui oblige alors une quarantaine de six mois à tous les chevaux entrant dans le pays. Impossible donc d'y organiser les épreuves équestres, qui sont disputées à 15 500 kilomètres de l'Australie, à

Stockholm en Suède, justement en juin 1956. Chose également peu prise en compte au moment de la désignation de l'Australie, l'inversion des saisons entre l'hémisphère nord et l'hémisphère sud de la Terre. Ainsi, il a été décidé de déplacer les épreuves durant le printemps austral qui a lieu de novembre à février.

Embrouille royale – 22 novembre 1956

À l'heure d'ouvrir officiellement les 13e Jeux olympiques d'été de l'ère moderne, l'Australie est plus que jamais le symbole de la puissance du Commonwealth, organisation de 54 pays tous issus ou fortement liés à l'ancien Empire de Grande-Bretagne. D'ailleurs, l'organisation annonce la couleur en termes de budget avec 2,4 millions de livres engagées, à hauteur de 50 % pour le Commonwealth et de 25 % pour la ville de Melbourne et 25 % pour l'État australien. Dans ces conditions, l'agrégat de pays investis ne peut qu'offrir la cérémonie d'ouverture à sa jeune cheffe, la reine Elizabeth II. Mais à la surprise générale, ce 22 novembre 1956, point de reine, mais voici qu'apparaît le prince Philip, duc d'Édimbourg et mari de la reine pour prononcer l'ouverture officielle des Jeux. Les 104 000 spectateurs présents dans le Melbourne Cricket Ground, s'ils affectionnent et respectent Philip Mountbatten, attendaient plutôt leur reine. En réalité, si le duc d'Édimbourg a ouvert ces Jeux de Melbourne en cette fin d'année 1956, c'est parce qu'il est en pleine tournée des pays du Commonwealth commandée par la reine elle-même, officiellement pour lui donner de l'importance et lui confier nombre de prises de contact diplomatiques. Or, comme le révèle en 2016 le documentaire *Inside Buckingham Palace*, ce voyage avait été organisé pour mettre le prince Philip au vert, loin du tumulte des tabloïds anglais qui l'affublaient de « rumeurs de potentielles infidélités ». Ledit voyage en bateau à bord du *Britannia* dure tout de même quatre mois et se termine en début d'année 1957.

Histoires d'hymnes – 30 novembre 1956

Si, depuis les tout premiers Jeux de l'ère moderne en 1896, c'est le même hymne composé par Spýros Samáras qui est joué, le Comité International Olympique décide, à Melbourne, de proposer une résolution pour son congrès de 1957 afin de nommer cette composition hymne officiel des Jeux olympiques. Mais en Australie, c'est pour un autre hymne que les journalistes se passionnent. Débarquée aux antipodes sous la dénomination EUA, Équipe Unifiée d'Allemagne, la nation germanique ne peut pas laisser jouer l'hymne Ouest-Allemand ou Est-Allemand, selon que son athlète médaillé d'or soit issu de tel ou tel côté du mur de Berlin. Il est proposé qu'en cas de titre de cette Allemagne unifiée, un hymne rassemblant les deux pays soit joué. Après consultation et accord tripartite entre RFA, RDA et CIO, il est décidé de la *Symphonie n° 9* de Beethoven serait l'hymne allemand joué. Ce 30 novembre 1956, il est joué pour la première fois en l'honneur de Ursula Happe qui remporte le 200 mètres nage libre féminin.

Le bain de sang – 6 décembre 1956

À deux jours de la fin des premiers Jeux olympiques d'été disputés dans l'hémisphère sud, l'Olympic Park Swimming and Diving Stadium de Melbourne vit dans une extrême tension. Connues depuis la veille, les demi-finales de la compétition de water-polo font frémir la planète entière, puisque la Hongrie doit y défier l'URSS. Dès le début de la partie, les craintes sont fondées. L'hebdomadaire *Heit Veliz* raconte : « Près de 8 000 supporters se sont massés dans des tribunes prévues pour 6 000. Dès le début des hostilités, la foule a ostensiblement encouragé les Hongrois et sifflé copieusement les Soviétiques chaque fois qu'ils récupéraient le ballon. » Supérieure dans le bassin, la Hongrie se détache, et le camouflet est épais pour l'URSS rapidement menée 4-0. Irrémédiablement, le moindre accroc provoque l'explosion. Le Soviétique Valentin Prokopov ne supporte pas l'affront et assène un coup de poing au visage du Hongrois Ervin Zádor. La rencontre tourne au pugilat, et du sang rougit la piscine olympique. Arcade ouverte et saignant abondamment, Zádor sort du bassin et les photographes l'assaillent. Car le poids de l'image de ce 6 décembre est international. Un Hongrois au visage ensanglanté par un coup soviétique… Le monde entier est en émoi, car trois semaines auparavant, l'URSS avait écrasé la révolte anticommuniste de Budapest en faisant 2 500 morts et 13 000 blessés dans la capitale de la Hongrie. La violence est telle entre les deux formations que les officiels prononcent la fin du match, la Hongrie est déclarée vainqueur (4-0). Le lendemain, au moment du podium final, les Hongrois sont champions olympiques, l'URSS troisième. L'image de la défiance au communisme fait, là encore, le tour du monde dans un bassin qui transpire encore du sang versé.

Dream Team de fac ! – 1er décembre 1956

Pour le 20e anniversaire de la présence du basketball aux Jeux olympiques, les progrès de certaines nations dans ce sport et l'arrivée de l'URSS depuis deux olympiades laissent augurer d'une possible surprise dans l'issue toute tracée d'une nouvelle médaille d'or pour les États-Unis. Mais il n'en est absolument pas question. Loin de là, même. Les États-Unis sont dominateurs comme jamais dans le tournoi. Depuis le 22 novembre et l'ouverture du tournoi aux 12 équipes qualifiées, toutes celles qui affrontent les États-Unis sont reléguées à 30 points derrière au minimum, et perdent avec un écart moyen abyssal de 50,3 points ! Emmenée par Bill Russell, l'équipe américaine est absolument insaisissable, et en ce 1er décembre, jour de finale, l'URSS n'est pas plus dangereuse. Balayés sur un score de 83 à 55, les Soviétiques n'existent jamais dans la rencontre. Bill Russell et K.C. Jones terminent l'épreuve avec 14 et 11 points de moyenne par match, et sont portés en triomphe, tout comme Gerald Tucker, leur entraîneur. L'exploit est d'autant plus à souligner quand on sait que toute l'équipe des USA était uniquement composée d'étudiants de facultés qui disputent le championnat NCAA et qu'aucun n'avait encore posé un pied en NBA. Des gamins en or.

L'IMPENSABLE VOYAGE – 9 DÉCEMBRE 1956

Au lendemain de la cérémonie de clôture des 13e Jeux olympiques d'été de l'histoire moderne, les délégations quittent une à une le village olympique d'Heidelberg West pour regagner leur pays. Un pays, la Tchécoslovaquie, reste néanmoins dans l'expectative. Alors que l'avion militaire français qui les avait emmenés en Australie est hors service, puisqu'en réparation sur le tarmac de Melbourne, les hauts fonctionnaires tchèques ont eu l'idée de faire revenir les 90 membres de la délégation présente aux JO par bateau et par train, en compagnie de la délégation d'URSS. Une des stars de la délégation Emil Zátopek et son épouse Dana étaient du voyage et ont raconté l'odyssée : « Certains ont fait des crises d'hystérie au départ car au lieu de deux jours, nous ne savions pas combien de temps le voyage allait durer. Ceux qui étaient en couple, comme Emil et moi, se sont dit que c'était un voyage de vacances. De toute façon, on ne décidait de rien donc mieux valait profiter. » Et pour cause ! Le périple a conduit la délégation tchécoslovaque de Melbourne à Vladivostok en bateau, puis jusqu'à Moscou *via* le Transsibérien, après avoir passé Noël et le jour de l'an au milieu de nulle part. Tout cela avec une ultime surprise : la réception en grande pompe au Kremlin, où athlètes de l'URSS et de Tchécoslovaquie ont été, de concert, honorés par Nikita Khrouchtchev, en personne. De quoi faire taire un peu plus le vent de révolte qui souffle alors sur la Tchécoslovaquie avec le coup d'envoi de la déstalinisation dans les pays soviétiques.

Rien ne se perd, rien ne se gagne... – 10 décembre 1956

Les 3 314 athlètes sont désormais partis d'Australie, deux jours après la cérémonie de clôture des Jeux de la 16e olympiade de l'ère moderne. En Australie, c'est l'heure des comptes, et le résultat n'est pas florissant. Le stade olympique qui a coûté à lui seul 1,2 million de livres n'a pas encore de club résident prévu, seulement la moitié des billets disponibles pour les épreuves ont été vendus, et la perte est là. Néanmoins, pas question néanmoins pour le pays organisateur de détruire quelconque structure. Il faut absolument offrir une autre vie à tous les équipements. À commencer par le village olympique. Installé au nord de Melbourne, il a l'aspect d'un camp militaire retranché, mais tout y est bien agencé et pensé pour vivre bien au-delà d'une olympiade. L'État décide de loger immédiatement des familles d'immigrants en recherche de propriété. L'effet est instantané : le petit quartier d'Heidelberg West est comble en quelques semaines. Ce sont ainsi près de 5 000 personnes qui colonisent les anciens bâtiments olympiques. Rapidement, The Mall, le centre commercial prend de l'essor, et le premier magasin, Dad's Fruit shop, ouvert en octobre 1956 avant les JO, y fait fortune. Une opération bien sentie, et Heidelberg West devient une ville à part entière.

1960

Rome (Italie).
Forza Italia !

Du 25 août au 11 septembre 1960, à Rome, en Italie
5 338 athlètes, 83 pays, 23 disciplines pour 150 épreuves

Un chercheur d'or aux pieds nus, dopage et mort associés, la colère noire du général de Gaulle ou encore la création officielle de nouveaux Jeux olympiques pour sportifs en quête d'une légitime reconnaissance, Rome et l'Italie passent par toutes les émotions en cet été 1960. La télévision entre de plain-pied dans l'aventure avec plus d'un million de dollars de droits de retransmissions payés.

Habemus Papam – 21 août 1960

Dimanche 21 août, la place Saint-Pierre, dans la Cité du Vatican, est bondée. Pourtant, aucune célébration catholique n'est prévue et aucun déplacement papal n'est évoqué. Mais cette grand-messe en plein air du dimanche est suivie comme jamais et médiatisée telle une messe de minuit par les télévisions italiennes. La raison de cet engouement ? Le pape Jean XXIII procède à une bénédiction très particulière à l'issue de l'office, puisque le Saint-Père descend dans la foule et rejoint le carré le plus coloré du rassemblement. Ce ne sont en effet pas moins de 1 000 athlètes de confession chrétienne venus de tous les pays du monde pour participer aux Jeux olympiques, en survêtement avec leurs drapeaux, qui sont là pour recevoir la bénédiction papale avant le début des épreuves. Le Pape Jean XXIII n'en reste pas là, puisqu'après cette bénédiction, il assiste aux phases finales des épreuves de canoë-kayak, depuis sa résidence de Verano. Les JO de Rome ont un Pape !

Mortel dopage – 26 août 1960

Les Jeux olympiques étant ouverts depuis la veille après une formidable cérémonie au stade olympique de Rome, l'heure est venue d'entrer dans le vif du sujet dans ces Jeux de la 17e olympiade de l'ère moderne. En cyclisme, l'épreuve du 100 kilomètres en contre-la-montre démarre dès 9 heures du matin. La température est déjà caniculaire avec 34 °C. Au menu, trois tours d'un circuit de 33 kilomètres le long de la Viale dell'Oceano Pacifico, qui rallie Ostrie à Rome, pour les 32 nations représentées. Les coureurs prennent tour à tour le départ, mais à la moitié du périple, une alerte-secours est déclenchée par les juges, pour se rendre au chevet de Knud Enemark Jensen, coureur du Danemark. Depuis quelques centaines de mètres, le coureur scandinave roulait irrégulièrement et a fini par s'effondrer sur son vélo avant de chuter violemment au sol. Inanimé, il est d'abord traité sur les lieux de l'accident avant d'être transporté en urgence vers l'hôpital de Rome. Malgré les soins, le Comité International Olympique officialise le décès de Knud Enemark Jensen, 23 ans, « victime d'une fracture du crâne dans la chute, chute due à une insolation », second décès de l'histoire olympique après celui du portugais Francisco Lázaro, en 1912. Sous le choc, les délégations internationales sont rapidement effrayées, car moins de quarante-huit heures après le décès, le sélectionneur danois avoue avoir administré du Roniacol, un vasodilatateur à son coureur. L'autopsie confirme ses dires et y ajoute une forte concentration d'amphétamines. Le mélange dopant est détonnant, mais à la surprise générale, le rapport de la médecine légale italienne conclut que la mort de Jensen « est due à la chaleur » et ne l'impute en aucun cas au dopage. Le comité d'organisation italien donne 1 600 euros aux héritiers de Knud Enemark Jensen en guise de dédommagement, et le Comité International Olympique prend des mesures immédiates pour lutter contre… la chaleur !

À l'apogée de l'imposture – 30 août 1960

Les 14e Jeux olympiques de l'ère moderne, également connus comme étant ceux de la 17e olympiade, recèlent en leur sein une des plus grandes escroqueries de l'histoire. Pays impliqué ? La Tunisie. Quelques années après sa décolonisation, la nation fraîchement dirigée par Habib Bourguiba veut profiter de la vitrine mondiale que représentent les épreuves olympiques. Les rêves de grandeur du nouveau dirigeant tunisien conduisent le comité olympique local à envoyer une délégation de 43 athlètes, dont trois en pentathlon moderne. Discipline particulièrement élitiste, le pentathlon moderne comprend cinq épreuves : équitation avec un parcours d'obstacle, tir au pistolet, escrime, natation et course à pied. Pour prétendre figurer correctement, les spécialisations sont nécessaires. Tout l'inverse de ce que sont Lakdar Bouzid, Habib Ben Azzabi et Ahmed Ennachi, qui sont seulement des coureurs à pied de qualité. L'affaire s'engage de la pire des manières en équitation avec trois chutes, puisque les trois représentants tunisiens ne savaient pas monter à cheval. Dans l'épreuve suivante, le tir, les trois compères sont tous les trois exclus, leurs balles terminant largement à côté des cibles et représentant un danger pour les juges. Et ce n'est pas terminé. En natation, Ahmed Ennachi, au bord de la noyade, se voit secouru *in extremis* par les services d'assistance. Mais avant de conclure en beauté par une très belle prestation au 3 000 mètres en course à pied, les trois Tunisiens touchent le fond dans l'épreuve d'escrime. Seul Lakdar Bouzid connaît la discipline. Les trois escrocs décident de profiter de l'opacité du masque d'assaut pour simuler un changement de concurrent à chaque relais, mais seul Bouzid reste sous le masque pour éviter aux deux autres d'avoir à manier à l'épée. La supercherie est rapidement détectée par les juges du Comité International Olympique, qui disqualifient les trois athlètes pour tricherie. Le classement de la Tunisie dans cette compétition par équipe ? Dernière, vous l'aurez compris.

La colère du Général – 1er septembre 1960

À peine les Jeux de Rome lancés, la France sait déjà que la moisson sera des plus maigres en cette 17e olympiade. Souvent surclassés, les Français ne parviennent jamais à attraper la plus haute marche du podium. Au matin du 1er septembre, un dessin de presse fait la une dans les médias hexagonaux. Sur ce dessin de *Paris-Presse*, Jacques Faizant y croque le général de Gaulle en survêtement, valise à la main, prêt à partir pour Rome et grommelant : « Dans ce pays, si je ne fais pas tout moi-même… » Irrité par l'échec patent des équipes de France dans ces Jeux romains, le Général pique sa crise et décide de lancer un grand programme de démocratisation du sport et de préparation au haut niveau. L'humiliation est d'autant plus grande pour le président de la République française que les athlètes avaient été préparés par l'armée nationale. C'est un virage dans la manière de penser du général de Gaulle, jusque-là réfractaire au sport. Sa déclaration résonne : « Si la France brille à l'étranger par ses penseurs, ses savants, ses artistes, elle doit aussi rayonner par ses sportifs. Un pays doit être grand par la qualité de sa jeunesse et on ne saurait concevoir cette jeunesse sans un idéal sportif. » Trois lois-programmes d'équipements sportifs et socio-éducatifs sont immédiatement lancées : 4 000 gymnases, 1 500 piscines, 8 000 terrains de sport sortent de terre, et l'Institut national du sport, de l'expertise et de la performance est organisé pour les sportifs d'élite. L'an zéro du sport français est là.

C'est l'histoire de la vie ! – 2 septembre 1960

Le stade olympique de Rome grouille en ce 2 septembre 1960. Au programme de la journée, la finale du 100 mètres féminin retient l'attention de tous. Six femmes de 17 à 28 ans vont se disputer le podium de la course reine, et parmi ces six femmes, l'Américaine Wilma Glodean Rudolph fait figure de grande favorite. Au bout de la ligne droite, l'ovation est pour elle, dominatrice avec un temps canon de onze secondes qui officialise sa médaille d'or. Un large sourire illumine le visage de la jeune Américaine, qui ne peut retenir son émotion au moment de recevoir le disque du plus précieux des métaux. Dans sa tête, les années d'horreur lui reviennent. Car ce titre olympique sur 100 mètres est la consécration d'un courage hors du commun. À 20 ans seulement, Wilma Glodean Rudolph prend une revanche sur sa propre vie. À l'âge de 9 ans, celle qui est la 17e d'une famille de 21 enfants fait une attaque de poliomyélite, et enchaîne en quelques mois avec une pneumonie et la scarlatine. Sa jambe gauche est sévèrement atteinte. Celle qui vit dans le quartier noir de Bethlehem, à Clarksville, dans le Tennessee, ne peut être soignée dans l'hôpital de la ville, réservé aux Blancs. Deux fois par semaine, elle doit faire 100 kilomètres pour rallier Nashville et recevoir un traitement visant à diminuer son handicap. Issue d'une famille modeste, son père est porteur de bagages et sa mère femme de ménage ; la solidarité familiale permet à Wilma de recevoir ses quatre massages quotidiens, ses frères et sœurs se relayant pour les lui prodiguer. Sauvée, Wilma trouve dans le sport une manière de renforcer ses jambes autant que de sortir de son ghetto. Malgré ses chaussures orthopédiques et son appareillage, ses aptitudes physiques sont exceptionnelles. Elle tape dans l'œil de sélectionneurs américains d'athlétisme pour en arriver en moins de quatre ans à un sacre olympique et un record mondial sur 100 mètres. Mais la plus grande victoire de Wilma Goldean Rudolph est encore ailleurs. Celle qui remporte deux autres médailles dans ces Jeux de Rome est célébrée en héroïne à son retour à Clarksville. Elle oblige alors Buford Ellington, alors gouverneur ségrégationniste de l'État, à ouvrir l'événement de sa venue à tous, quelle que soit leur couleur de peau. Chose faite.

La revanche aux pieds nus – 10 septembre 1960

Il est 17 heures 30 en ce samedi soir du 10 septembre 1960 sur la piazza di Campidoglio, une des sept collines de Rome. À la veille de la clôture des 14e Jeux olympiques d'été de l'ère moderne, le marathon est le centre de tous les commentaires. 69 concurrents sont au départ avec un favori, le Soviétique Sergei Popov. Le parcours est marqué par l'exceptionnel patrimoine de la ville, longeant les thermes de Caracalla ou la voie Appienne. L'URSS tente de prendre l'ascendant d'entrée de course, mais après 20 kilomètres, la nation au maillot rouge est rejointe par le Marocain Rhadi Ben Abdesselam et un coureur éthiopien du nom d'Abebe Bikila qui attire immédiatement l'attention, puisqu'il court pieds nus !

Lors de la visite médicale d'avant course, ce coureur avait provoqué de nombreux palabres avant de voir sa place validée après une inspection méticuleuse de l'épaisse corne qu'il avait développée sur ses extrémités inférieures puisque courant toujours pieds nus. Trouver des chaussures pour cet homme-là s'était avéré impossible dans la capitale italienne, mais qu'importe ! Devant l'obélisque d'Aksoum à quelques encablures de l'arrivée, l'accélération du coureur venu d'Éthiopie – né le jour du marathon olympique de Los Angeles, le 7 août 1932 – ne laisse aucune chance à ses adversaires. Il file vers la ligne victorieuse sans coup férir. De nuit, éclairé par des torches portées par les membres de l'organisation, il savoure sa victoire et sa médaille d'or sous l'Arc de Constantin.

Le clin d'œil de l'histoire est alors incroyable, puisque c'est sous cet arc que Benito Mussolini, chef de l'État fasciste italien, avait, vingt-cinq ans auparavant, ordonné l'invasion de l'Éthiopie. Abebe Bikila reçoit en cadeau de l'empereur Haïlé Sélassié Ier un appartement et une voiture. Ainsi que le statut de héros national, évidemment.

La couleur de l'argent – 12 septembre 1960

Au lendemain de la cérémonie de clôture de Jeux de Rome réussis sportivement et politiquement, les grands argentiers du Comité International Olympique et du comité italien d'organisation sont à l'heure des comptes et des rapports financiers.

Et ils sont exceptionnellement florissants. Pour la première fois de l'histoire, le Comité International Olympique décide de faire payer la retransmission télévisée. L'outil télévisuel retransmet désormais les épreuves en couleur et en direct eurovision. Ce sont près de cent heures de sport qui sont diffusées, et les contrats rapportent 1,2 million de dollars à l'organisation italienne. Une première ! Mieux, même : les États-Unis entrent dans le marché avec la chaîne ABC qui décide de payer 394 000 dollars de droits pour diffuser les épreuves. Il est toutefois encore nécessaire d'affréter des avions pour convoyer les films entre Rome et New York. La machine est lancée.

Repère

Le 18 septembre 1960, une semaine après la fin des 14e Jeux olympiques d'été de l'ère moderne, d'autres jeux débutent et sont prévus sur une semaine jusqu'au 25 septembre dans le stade olympique de Rome. Au programme, 57 épreuves issues de huit sports sont proposées à 400 athlètes venus de 23 pays. Deux médecins sont à l'initiative de ces « autres » jeux de Rome 1960, les docteurs Ludwig Guttman et Antonio Maglio. Ces épreuves sont alors réservées à des sportifs présentant des atteintes graves de la moelle épinière et évoluant dans des fauteuils roulants. Successeurs des Jeux de Stoke-Mandeville en Angleterre initiés en 1948, il s'agit là des premiers Jeux paralympiques officiels de l'histoire.

1964

Tokyo (Japon). Soleil levant sur les sixties

Du 10 au 24 octobre 1964, à Tokyo, au Japon
5 125 athlètes, 93 pays, 25 disciplines pour 163 épreuves

Placés sous le signe de l'honneur et du relèvement du Japon, pays organisateur, ces Jeux de la 18e olympiade accouchent de décisions sociétales fortes, d'épreuves sportives acharnées et de morceaux de bravoure, dans une ambiance de fête, digne des années 1960. La folie de l'Américain Dick Roth, les yeux du Nippon Yoshinori Sakai et l'enquête sur le vol de drapeaux au pied du palais impérial conduisent le monde à découvrir l'Asie sous un autre jour.

L'apartheid aux yeux du monde – 9 octobre 1964

Ces Jeux de la 18e olympiade à Tokyo révèlent un nouveau monde : celui de l'événement en direct. Grâce à la course à l'espace menée $ par l'URSS et les États-Unis, les satellites mis en orbite commencent à profiter au monde, et notamment au Japon. Le pays entier se montre rapidement maître de la technologie, et devient le premier pays recevant les Jeux à pouvoir les diffuser en direct et en mondiovision avec, en plus, l'apparition du ralenti. Une avancée qui rassemble la bagatelle de 600 millions de téléspectateurs avec, en parallèle, les premiers droits télévisés substantiels : 1 577 000 francs de l'époque (soit 230 000 euros en 2021). Mais cette visibilité est aussi l'occasion pour le Comité International Olympique d'asseoir encore un peu plus sa puissance sur le monde et sa capacité de pression sur les États eux-mêmes. Ainsi, l'instance olympique décide d'obliger l'Afrique du Sud à se conformer en nombre à ces JO 1964, en raison de la politique d'apartheid menée par le gouvernement de Hendrik Verwoerd. Ce dernier, sous la pression du CIO, avait accédé à l'injonction de former une sélection sud-africaine composée d'athlètes blancs et d'athlètes noirs. En revanche, le chef du gouvernement refusait qu'ils voyagent et habitent ensemble dans le village olympique. Après d'âpres discussions, le Comité International Olympique a décidé de ne pas inviter la délégation et de faire en sorte que cette décision soit diffusée, elle aussi, en mondiovision.

L'enfant de la bombe – 10 octobre 1964

Le stade olympique de Tokyo est plein à craquer ce samedi 10 octobre 1964 pour la cérémonie d'ouverture des Jeux de la 18e olympiade, les premiers de l'histoire sur le continent asiatique.

Choisi à une large majorité par le Comité International Olympique depuis le 25 mai 1959, le pays du Soleil-Levant est enfin au centre du monde après deux rendez-vous avortés, en 1936 et 1940, pour cause de conflits le concernant directement. Et cette fois, plus question d'entrave. Au contraire, l'empereur Hiro-Hito en personne est présent pour ouvrir officiellement ces 15e Jeux olympiques d'été, et la flamme parcourt son symbolique chemin dans tout le pays avant d'échoir au sommet du stade de Kasumigaoka.

Le dernier porteur de cette flamme qui va illuminer le monde est un jeune homme parfaitement inconnu du grand public dénommé Yoshinori Sakai. Il est âgé de 19 ans et simple membre du club d'athlétisme de l'université Waseda. Cornaqué par Teruji Kogake, star nipponne et recordman mondial du triple saut, il gravit les marches vers la vasque censée recevoir la flamme pendant la quinzaine dévolue aux épreuves. L'ovation monte des travées au moment où il accomplit sa mission pour une gloire éternelle. Car Yoshinori Sakai est tout autant un symbole que la flamme qu'il vient alors d'allumer, lui qui est né le 6 août 1945 à Miyoshi, quartier d'Hiroshima. Le jour même où la première bombe atomique a frappé un Japon qui a voulu, à travers lui, affirmer son relèvement aux yeux du monde.

Roth pique sa crise – 14 octobre 1964

En ce mardi 14 octobre, les finales se succèdent au centre aquatique Kokuritsu Yoyogi. Celle du 400 mètres quatre nages est particulièrement attendue avec un recordman du monde à l'œuvre, le jeune Américain Richard William Roth, plus connu sous le nom de Dick Roth. À seulement 17 ans, il est le grandissime favori de l'épreuve au côté de son compatriote Roy Saari (19 ans) et de l'Allemand Gerhad Hetz (22 ans). La course est magnifique, les trois hommes se livrent une bataille dantesque avec un leader à chaque changement de nage dans cette finale, et au terme d'un dernier 100 mètres fou en crawl, la victoire revient à Dick Roth qui se pare d'or et, en bonus, bat son propre record du monde en 4 minutes 45. L'ovation est à la hauteur de l'événement, mais le maigre sourire du gagnant pose question aux observateurs. Dick Roth semble même malade au sortir de l'eau, se tenant le ventre et partant rapidement aux vestiaires. Il faut attendre quelques minutes avant d'avoir l'explication. Personne ne le sait grâce au secret gardé par la sélection américaine, mais depuis trois jours, le jeune Dick Roth passe ses journées, allongé dans son lit à l'infirmerie, sans rien manger de solide, avec le ventre placé sous des pains de glace et sous antibiotiques. Il est atteint d'une crise d'appendicite aiguë. Médecins japonais et américains sont d'accord : il faut opérer le nageur en urgence. Et à 17 ans, impossible pour Dick Roth de refuser cette opération. « J'ai été gardé à l'hôpital et préparé pour la chirurgie sur un brancard, raconte-t-il à *InMenlo*, journal californien. Mais je ne voulais pas me faire opérer. Ils ont amené mes parents et je les ai suppliés de me laisser nager. » Au bout de longues minutes de réflexion, les parents de Dick Roth refusent l'opération à leur tour, voulant « laisser une chance » à leur rejeton. Avec l'or olympique au bout. Et une opération aussi, quelques semaines plus tard, au retour au pays.

Le compte est bon – 19 octobre 1964

La finale du 400 mètres du lundi 19 octobre 1964 est le grand moment de la journée d'athlétisme. En piste, des figures de la discipline comme Ulis Williams (États-Unis), Andrzej Badeński (Pologne) ou encore Wendell Mottley (Trinité-et-Tobago), ce dernier étant d'ailleurs le favori incontesté de l'épreuve. Un autre Américain, Michael Denny Larrabee, fait quant à lui figure d'outsider. Mais au terme d'une course passionnante et ponctuée d'une dernière ligne droite historique, c'est justement cet outsider qui coupe la ligne d'arrivée en tête et s'arroge la médaille d'or. Une surprise colossale. Car l'histoire du nouveau champion olympique Michael Larrabee est unique. Athlète de niveau national, le natif de Los Angeles est contraint de prendre sa retraite à la suite de trop nombreuses blessures. Mais en 1963, alors qu'il est professeur de mathématiques dans un collège de quartier, il met au point une nouvelle méthode de préparation physique basée sur la nutrition. Devant ses propres élèves, il annonce qu'il reprend la compétition pour se qualifier en vue des Jeux olympiques. À 30 ans, personne ne croit à cette rédemption, sauf sa propre famille. En huit mois, il revient en forme, ne se blesse plus et remporte les qualifications américaines en vue des JO de Tokyo. Jusqu'à ce titre du 19 octobre, qui est même suivi d'un second deux jours après, lors du relais où il double la mise. Avant, cette fois, de prendre sa retraite définitive.

Ong en tong... – 23 octobre 1964

C'est l'heure, en ce vendredi 23 octobre 1964, des finales de la catégorie reine en judo, pour boucler en apothéose la première apparition de cette discipline aux Jeux olympiques. Neuf colosses sont en lice pour aller chercher la plus belle des médailles dans le dojo Nippon Budokan, en folie. Et pour cause, lors des trois premières sessions, le Japon a littéralement écrasé la concurrence en raflant toutes les médailles d'or. Au moment d'engager les premiers combats de ce tableau final, la tension monte. Les neuf prétendants au podium sont présentés, et eu égard au statut de sport national dont jouit le judo au Japon, les honneurs leur sont rendus. Mais pour un de ces combattants, la journée de gloire vire au fiasco. Arrivé des Philippines, Thomas Ong est plein d'espoirs avant cette épreuve. Espoirs douchés dès son premier combat, perdu face à l'Américain Ben Campbell. Rebelote face à l'Allemand Klaus Glahn, défaite en quelques secondes. Versé en ultime poule de repêchage, l'Asiatique voit son cauchemar se poursuivre, puisqu'il est battu en six secondes par l'Irlandais John Ryan, avant de se voir asséner un Tai-Otoshi par le Japonais Akio Kaminaga en quatre secondes, record du monde de rapidité battu sur un combat. Difficile de faire pire.

Larissa, la neuvième planète – 23 octobre 1964

Vendredi 23 octobre 1964, 18 heures. Les six dernières gymnastes qualifiées pour participer à la finale au sol des Jeux olympiques de Tokyo sont prêtes à en découdre. Deux Allemandes, une Tchèque, une Hongroise et deux Soviétiques vont présenter leur ultime programme. Les deux concurrentes venues d'URSS sont les favorites de cette finale. Rapidement toutefois, les notes s'envolent, Anikó Jánosi (Hongrie), mettant la barre à 19,300. Qu'importe, Polina Astakhova, la première athlète soviétique, écarte la marque et place la barre à 19,500. Mais c'est sans compter sur la star absolue de la gymnastique, Larissa Latynina. La grâce, la précision et la vitesse d'exécution de Latynina éblouissent le Tōkyō Taiikukan autant que les juges. La note finale tombe : 19,533. L'histoire s'écrit en direct, puisque Larissa Latynina décroche sa 18e médaille olympique – record féminin encore en cours en 2020 –, mais surtout la neuvième en or, devenant alors la première femme à se placer au sommet de l'histoire olympique en compagnie de Paavo Nurmi.

Médaillée d'or et voleuse de drapeau – 24 octobre 1964

Le vendredi du 23 octobre, veille de la cérémonie de clôture, est un jour de joie pour l'Australie, qui remporte une médaille de bronze en hockey sur gazon. À la vue de cette victoire, Dawn Fraser, star absolue de la natation australienne qui vient, elle, de remporter un troisième titre consécutif sur le 100 mètres nage libre, veut fêter ce titre. Elle appelle le capitaine de l'équipe de hockey et invite l'équipe à la rejoindre à l'hôtel où elle loge, sur le boulevard du palais impérial de Tokyo. La fête s'envole pour celle qui s'est déjà fait épingler par son pays pour ne pas avoir respecté les tenues demandées par le sponsor national. L'alcool coule à flots, et un mot en emmenant un autre, Dawn Fraser se met en tête, avec deux camarades de sortie, de rapporter un souvenir des Jeux olympiques : un drapeau. Sortie sur le boulevard du palais d'Hiro-Hito, elle et le médecin de l'équipe australienne entreprennent d'escalader les mâts et détachent deux étendards pendant que le troisième compère fait le guet. Rapidement repérés par la police, les trois complices tentent de fuir, mais deux se font rapidement prendre par la police. Dawn Fraser, elle, échoue dans un parc, mais ne peut plus marcher. En voulant fuir, elle vient de s'arracher les ligaments de la cheville. Alors qu'elle tente de faire bonne figure assise sur un banc, la police l'interpelle : « Ils me demandent ce que je fais là, je leur réponds que j'attends quelqu'un, confie-t-elle à la chaîne de télévision ABC, mais au moment où je bouge, le cordon d'un des drapeaux que j'avais cachés sous mon survêtement sort. Je suis immédiatement arrêtée et conduite au commissariat de Marunouchi. » Alcoolisée, handicapée par sa cheville blessée et sans aucun papier, la triple championne olympique fait alors appeler un membre de la délégation australienne pour qu'il vienne la sortir des mains de la police. C'est chose faite au petit matin. Après avoir justifié de son identité, Dawn Fraser est libre, comme ses deux compatriotes avec, sur ordre de l'empereur Hiro-Hito, le drapeau volé en cadeau. Pas le temps de dormir ; il est alors temps d'enfiler une tenue et de se rendre au stade pour remplir son rôle de… porte-drapeau de la délégation australienne lors de la cérémonie de clôture ! Une fois rentrée au pays, cette incartade lui vaut instantanément dix ans de suspension par le comité olympique australien pour « conduite inqualifiable et déshonorante pour l'Australie ». Quand la blague potache tourne mal…

Repère

Dire que ces 15e Jeux olympiques de l'histoire ne sont pas les plus prolifiques de l'histoire de l'équipe de France olympique n'a rien de déshonorant. En ce 24 octobre 1964, jour de clôture des épreuves, les Bleus comptent certes 14 médailles, mais six en bronze et huit en argent. Pas le moindre titre olympique, et donc pas la moindre *Marseillaise* jouée à Tokyo. L'affaire fait désordre. À tel point même que le ministre des Sports Maurice Herzog doit courber l'échine à Paris face aux questions : « Le bilan est là, nous n'avons aucune médaille d'or, mais nos champions ont fait de leur mieux », souffle-t-il le samedi 23 octobre. C'était sans compter sur la dernière épreuve au programme de ces JO de 1964 : le concours de saut d'obstacles en équitation. À 15 heures 40, quelques minutes avant le début de la cérémonie de clôture, *La Marseillaise* finit par retentir : douze ans après son premier titre olympique, Pierre Jonquères d'Oriola vient de remporter l'épreuve.

1968

Mexico (Mexique). Sur un air latino

Du 12 au 27 octobre 1968,
à Mexico, au Mexique
5 516 athlètes, 112 pays,
24 disciplines pour 172 épreuves

La fin des années 1960 est, comme les Jeux de Mexico 1968, témoin de nombreux bouleversements politiques, sociaux et sportifs dans le monde. Le 2 octobre 1968, six jours avant la cérémonie d'ouverture, plusieurs milliers d'étudiants mexicains se sont réunis sur la place des Trois Cultures dans le quartier de Tlatelolco. Le gouvernement décide de réprimer cette manifestation par l'armée. Les tirs sont terribles, des centaines de morts sont dénombrés – 400 selon le gouvernement. Les premiers Jeux organisés en Amérique latine, et dans ce qu'on appelait alors un pays en voie de développement, sont toutefois maintenus et vont être le théâtre d'exploits historiques en athlétisme, mais aussi de triche, de punition et d'usurpation d'identité pour le moins célèbre.

Si ce n'est toi, c'est donc ton frère ? – 15 octobre 1968

Avant la course en ligne prévue à la clôture des 16e Jeux olympiques d'été de l'histoire moderne à Mexico, l'épreuve des 100 kilomètres contre-la-montre par équipe est un rendez-vous très attendu. Trois formations retiennent l'attention : la Hollande emmenée par Joop Zoetemelk, l'Italie dirigée par Pietrofranco Vianelli, champion olympique sortant, et la Suède, dont Gösta Pettersson est le capitaine de route. La course est passionnante, les chronos tombent, et c'est finalement la Hollande qui s'impose devant la Suède et l'Italie. La fête est totale dans le clan des *Oranje* de Joop Zoetemelk, alors que côté suédois, l'objectif d'aller conquérir le plus précieux métal n'est pas atteint pour cette équipe si exceptionnelle par son palmarès, avec trois titres de champions du monde de la spécialité, aussi bien que par sa composition. En effet, les quatre membres sont Gösta Pettersson (28 ans), Sture Pettersson (26 ans), Erik Pettersson (24 ans) et Tomas Pettersson (21 ans). Tous sont frères. Une saga familiale à succès qui prend fin en 1970, quand ils décident de passer professionnels au sein de l'équipe Ferretti. Les trois plus jeunes décident même de changer de patronymes en se faisant appeler les Faglum Brothers, Faglum étant le nom de leur village en Suède.

De Gaulle, l'autre forfait – 16 octobre 1968

Après quatre jours d'épreuves à surprises et à succès et déjà de nombreux records du monde battus grâce à la révolutionnaire piste en tartan, l'Estadio Olímpico de Mexico est encore en ébullition en ce mercredi 16 octobre 1968. Au programme de ce début de matinée, plusieurs séances de qualifications, notamment celle du 110 mètres haies, qui met les journalistes et commentateurs français en émoi. Si Pierre Schoebel et Marcel Duriez, les deux coureurs tricolores, se qualifient sans trop forcer, l'actualité n'est pas là. En effet, c'est un coureur du Tchad qui intrigue. Ce coureur sans aucune référence figure parmi les trois seuls athlètes, avec Ahmed Issa (800 m/1500 m) et Ahmed Senoussi (saut en hauteur), appelés à représenter le petit pays d'Afrique équatoriale, mais son identité fait le tour des tribunes et provoque l'attente. Cependant, au moment de sa série, personne n'occupe le starting-block qui était dévolu au dénommé Bernard Kender. La déception est grande dans les rangs français, car ledit Bernard Kender avait une sacrée particularité : son nom complet était Bernard-Charles-de-Gaulle Kender, prénom donné en hommage au général français.

9 000 kilomètres, une médaille et un menhir – 16 octobre 1968

Les images restent dans les mémoires, même un demi-siècle plus tard. Un chrono qui tourne en haut de l'écran, une Américaine qui aborde la dernière ligne droite du

400 mètres féminin olympique devant une Anglaise serrée au couloir de corde. Pour la première fois, les JO sont diffusés par la télévision couleur. Au milieu de l'écran apparaît alors un maillot bleu, celui de la Française Colette Besson. Quatrième à l'entrée des 100 derniers mètres, la sociétaire du Bordeaux Étudiants Club remonte ses adversaires une à une pour aller chercher un incroyable et inattendu titre olympique. Le secret de ce titre et de cette folle remontée est rapidement découvert à 9 000 kilomètres du Mexique. Au lieu de se préparer dans son club ou dans son centre d'entraînement national comme la totalité de ses adversaires, Colette Besson avait fait un autre choix. Particulièrement en avance sur son temps et maîtrisant parfaitement les impacts de l'altitude sur les organismes des coureurs à pied, elle avait choisi de s'exiler pendant cinq mois pour s'entraîner intensément dans la station de montagne des Pyrénées de Font-Romeu, à une altitude de 2 250 mètres. Soit exactement la même altitude que… Mexico ! Un coup gagnant qui va faire immédiatement de Font-Romeu un point essentiel de la préparation future des athlètes. Cinquante ans après ce coup de maître, une stèle en forme de menhir de 1,68 mètre, la taille de Colette Besson, est érigée en sa mémoire.

Une révolution pour une révélation – 20 octobre 1968

Un athlète de 1,90 mètre quand tous ses concurrents sont au-delà du double mètre, une course d'élan incurvée, un appel de pied intérieur puis un enroulé de tout le corps en position dorsale pour franchir une hauteur de plus de deux mètres sous les yeux médusés de dizaines de milliers de spectateurs dans un stade olympique… Le public mexicain est ébahi des performances d'un jeune américain : Dick Fosbury (21 ans) en ce dimanche 20 octobre 1968. Celui qui est allé arracher sa qualification pour les Jeux olympiques de Tokyo en troisième position des sélections américaines enchante l'Estadio Olímpico de Mexico et en devient la coqueluche en quelques minutes. Ses cinq premiers essais, tous poussés par des « olé », sont couronnés de succès pour se hisser à 2,22 mètres en tête à tête avec son compatriote Ed Caruthers pour la médaille d'or. Ce dernier y échoue, contrairement à Dick Fosbury, qui, sur son dernier saut, efface 2,24 mètres, se pare d'or et signe le record mondial en prime. La liesse est telle dans le stade et autour de ce saut prodigieux que l'arrivée des marathoniens en est totalement éclipsée. Jamais le monde n'avait vu ce saut si particulier. Et pour cause : en participant à ces Jeux de la 19e olympiade au Mexique, Dick Fosbury sortait pour la première fois de son pays, les États-Unis.

Dopé, bourré, viré ! – 17 octobre 1968

Polygone de tir de Vicente-Suárez, camp militaire de Mexico, le 17 octobre 1968 à midi. L'épreuve de tir de l'épreuve de pentathlon moderne vient de s'achever, et le Comité International Olympique procède, comme dans cinq compétitions par jour et sur 50 athlètes différents, aux premiers contrôles antidopage de l'histoire des Jeux olympiques, soit l'intégralité des participants à l'épreuve de pentathlon moderne au sein des 15 équipes nationales en lice. Un à un, les spécialistes de la quintuple discipline se plient au règlement. Les tests urinaires sont instantanément analysés à la recherche de « drogues améliorant la performance », comme explicité dans les rapports officiels du CIO. Rien à signaler jusqu'à ce que les commissaires commencent à s'agiter autour de l'équipe de Suède, médaillée de bronze. L'objet de cette agitation : le contrôle d'un des membres de l'équipe scandinave. La délégation se rassemble autour des analystes qui sont formels. Le premier athlète de l'histoire contrôlé positif à une substance interdite est le dénommé Hans-Gunnar Liljenwall. Tireur émérite de l'équipe de Suède, ce dernier est immédiatement convoqué pour répondre de son acte, puisque la substance découverte dans ses urines est de l'éthanol. Contre toute attente, Hans-Gunnar Lijenwall est… saoul ! Avec « 0,4 gramme d'alcool dans le sang », selon l'historien olympique Volker Kluge. Le Viking se justifie en expliquant qu'il avait « bu deux bières avant l'épreuve pour évacuer le stress ». Disqualification, perte de la médaille pour son pays et entrée dans la triste histoire du dopage aux JO en premier. Deux bières qui coûtent très cher.

Un ange dans un champ de ruines – 20 octobre 1968

Au deuxième des trois jours du concours complet de ces Jeux olympiques de la 19e olympiade, les favoris sont tous au rendez-vous après une épreuve de dressage sans grande surprise. Mais le cross, épreuve toujours redoutée, est abordé avec la plus grande méfiance. Et pour cause : lors de la reconnaissance, les cavaliers ont déjà estimé que le parcours proposé par les organisateurs sud-américains était un des plus compliqués de l'histoire. En ce dimanche, la chaleur est terrible, et l'altitude où se situe le Club Avándaro ne fait qu'ajouter à la pression mise autour de ce cross que d'aucuns annoncent décisif pour le podium. Quarante-neuf concurrents sont au rendez-vous. Mais après que 30 couples sont partis, l'atmosphère change totalement, et un violent orage éclate au-dessus du parcours. Les cours d'eau bordant les pistes gonflent irrémédiablement et débordent. Le 34e des 35 obstacles au programme devient alors celui de tous les pièges. D'abord ruisseau de deux mètres à sauter pour les chevaux, il devient rapidement un torrent de boue de 12 mètres impossible à franchir. Plusieurs duos n'en sortent pas, d'autres y parviennent en affichant des pénalités énormes, comme celle de l'Argentin Carlos Moratorio, médaillé d'argent à Tokyo, qui termine son périple avec -294 points et dit adieu à tout podium.

Des chevaux meurent même en course, comme Balerina pour l'URSS et Loughlin pour l'Irlande. Les équipes parties en premier ont un avantage clair, notamment le Français Jean-Jacques Guyon qui remporte l'épreuve et se hisse en tête du classement général au soir de ce désastre. Le lendemain, son avance est telle qu'il peut se permettre de terminer 10e du jumping. Suffisant pour célébrer sa médaille d'or avec son cheval au nom prédestiné dans ce concours apocalyptique : Ange-Pitou.

Punition pour la reine – 25 octobre 1968

L'Auditorio Nacional de Mexico est en liesse en ce 25 octobre 1968. À deux jours de la cérémonie de clôture de ces 16e Jeux olympiques d'été de l'histoire, les épreuves de gymnastique consacrent une reine tchécoslovaque qui obtient, lors des épreuves au sol, la sixième médaille de ces JO 1968, la quatrième en or après deux en argent. Au terme d'un programme qui a amené toute la salle avec elle au son des guitares mexicaines, Věra Čáslavská est ovationnée.

Mais dans un même souffle, les aficionados se taisent. Les juges déclarent Věra Čáslavská à égalité avec une Soviétique, Larissa Petrik. Ceux qui avaient pris fait et cause pour la gymnaste tchécoslovaque la portent aussi sur le podium où les deux hymnes doivent être joués. Là, Věra Čáslavská tourne le dos au drapeau de l'URSS. Un geste symbolique, mais qui a un retentissement mondial. Car Věra Čáslavská n'en est pas à son coup d'essai. Si ces JO 1968 sont la consécration pour celle qui devient la reine des Jeux, les autorités de son pays ont bien failli l'en priver, elle qui s'est engagée quelques semaines plus tôt, en juin 1968, où elle a signé le manifeste « Deux Mille Mots », demandant une démocratisation immédiate du régime communiste dans son pays. À l'heure où les chars russes entraient dans Prague, elle a rapidement fui dans la campagne de son pays, à Šumperk. Au lendemain de cette victoire, la portée des paroles et des actes de celle qui est devenue une star mondiale fait peur. Et après s'être mariée au Mexique le lendemain de ce dernier titre au sol avec Josef Odložil, coureur tchécoslovaque, le retour au pays est amer. Elle confie à *Hajde*, média indépendant consacré à l'exploration des enjeux sociétaux : « J'ai été punie par les autorités, sans travail pendant cinq ans et sans pouvoir aller à l'étranger. » Avant la rédemption, à l'éclatement du bloc communiste, où elle deviendra même présidente du comité olympique de son pays.

Repère

Vendredi 18 octobre 1968, 15 heures 40, à Mexico. Par un temps pluvieux et orageux, le monde entier assiste à l'un des plus grands exploits de l'histoire du sport. Un Américain, Bob Beamon, parcourt en l'air et d'un seul bond 8,90 mètres. Médaille d'or et record du monde battu de 55 centimètres ; du jamais vu. Pourtant, la veille, lors des qualifications, le jeune sauteur avait obtenu son billet au troisième et dernier saut. Le secret de son succès, il le livrera lui-même, médaille d'or autour du cou : « Une soirée très chaude et surtout très arrosée d'alcool, dans les bars de Mexico, à grands coups de Tequila. »

1972

Munich (Allemagne). *The Show must go on*

Du 26 août au 11 septembre 1972,
à Munich, en Allemagne de l'Ouest
7 134 athlètes, 121 pays,
28 disciplines pour 195 épreuves

Un aéroport militaire effacé, des records effacés, des couleurs effacées elles aussi, ces Jeux de Munich 1972 sont ceux du passage dans une nouvelle ère pour l'Allemagne qui veut enfin en finir avec le nazisme. Mais cette nouvelle ère recèle aussi des drames, comme celui de ce 5 septembre qui coûte la vie à 11 athlètes israéliens, mais aussi la folle histoire de ce coureur, frappé de honte nationale pour avoir ramené… une médaille ! Bienvenue dans les années 1970. Et tous leurs excès sont symbolisés par le célèbre « *Show must go on* », prononcé par Avery Brundage, président d'un Comité International Olympique dans la tourmente.

Repère

Le 26 août 1972, jour de la cérémonie d'ouverture de ces 17e Jeux olympiques d'été de l'histoire, tous les symboles du retour de l'Allemagne sur la scène internationale et l'effacement du Troisième Reich sont lancés aux yeux du monde. Y compris jusque dans l'identification de ces Jeux munichois. L'organisation décide d'innover en présentant la première mascotte de l'histoire : Waldi, le teckel. Ses déclinaisons permettent de trouver la mascotte sous toutes ses formes, mais pas dans tous les coloris. Les organisateurs ont décidé de ne pas sortir Waldi en rouge ni en noir, les deux couleurs du régime nazi.

L'Histoire recouverte – 26 août 1972

À l'heure de se rassembler pour une quinzaine olympique qui s'annonce incroyable aux dires de tous les observateurs, les 7 134 athlètes qualifiés venus de 121 pays n'ont aucune idée du lieu qu'ils vont occuper chaque jour dans la banlieue de Munich, là où sont construites les plus importantes infrastructures sportives et d'hébergement de ces 17e Jeux olympiques d'été de l'histoire. L'Oberwiesenfeld, c'est le nom de ce terrain vague de trois kilomètres carrés qui est retenu pour y poser une majestueuse arène de 70 000 places à l'architecture novatrice : le stade olympique de Munich. Autour de ce stade, plusieurs gymnases, une piscine, des courts de tennis et de nombreux équipements sont construits, ainsi que le centre de presse, une scène en plein air, une tour de 290 mètres de haut et même un lac de 80 000 mètres carrés. À l'heure de recevoir le monde, l'Allemagne a totalement changé le visage de son vieil Oberwiesenfeld et veut montrer l'image d'une nation qui a su se reconstruire après la Seconde Guerre mondiale. Le symbole de l'effacement et de l'oubli du Troisième Reich germanique est là, sous les pieds des délégations. Car à l'endroit même où se disputent les Jeux se tenait l'ancien aérodrome de Munich, précisément là où l'Anglais Neville Chamberlain et le Français Édouard Daladier avaient été mis en échec par Adolf Hitler, en septembre 1938, dans leurs tentatives de négociation de paix…

Dynastie – 2 septembre 1972

Si les fratries médaillées ont existé dans quelques olympiades au fil du temps, la dynastie des Gyarmati est une quasi-exception. Le 2 septembre 1972 à l'Olympia Schwimmhalle de Munich, Andrea Gyarmati décroche la médaille d'argent sur le 100 mètres dos. Cette médaille vient s'ajouter celle de bronze acquise la veille au 100 mètres papillon, et fait de la nageuse hongroise une nouvelle héroïne dans son pays. Andrea, qui monte sur un podium olympique, poursuit ainsi l'héritage d'Éva Zékely, sa mère qui avait remporté une médaille d'or en natation au 200 mètres brasse en 1952 à Helsinki, et d'argent en 1956 à Melbourne. Son père, Dezső Gyarmati, membre de l'équipe nationale de water-polo de Hongrie, remporta quant à lui cinq médailles aux Jeux entre Londres en 1948 et Tokyo en 1964. La famille aux neuf médailles…

L'amour du drapeau – 2 septembre 1972

Les images sont restées dans les annales des Jeux olympiques. En ce 2 septembre 1972, l'épreuve du 400 mètres haies est un des moments forts au stade olympique de Munich. La course accouche non seulement d'un nouveau record du monde, mais surtout d'une première dans l'histoire. Victorieux, John Akii-Bua rapporte la première médaille d'or à son pays, l'Ouganda. Dans l'euphorie de l'immense ovation qui accompagne sa victoire, le hurdler africain poursuit sa course en entamant un tour d'honneur. C'est alors qu'il s'approche d'un groupe de supporters brandissant un drapeau de l'Ouganda. John Akii-Bua s'en saisit, le brandit et termine son tour d'honneur enveloppé dans ses couleurs nationales. Il est le premier athlète à célébrer une victoire de la sorte. Jamais il n'aurait pensé que son geste deviendrait une tradition. « Je n'ai pas réfléchi, je voulais juste profiter et partager », dira celui qui en plus, détient le record du plus court passage sur un podium : 52 secondes. L'hymne ougandais est en effet le plus court du monde.

Sans passer par la case départ – 3 septembre 1972

Le stade olympique de Munich accueille les coureurs du 10 000 mètres comme des héros pour la finale de leur épreuve. Pour en arriver là, et pour la première fois, les fondeurs olympiques ont dû passer une première course de qualification quatre jours avant. Dans les rangs des finalistes, l'Éthiopien Miruts Yifter fait figure de favori, comme le Finlandais Lasse Virén. Celui qui fait partie de

l'armée de l'air de son pays après avoir passé sa jeunesse à l'usine et comme chauffeur de calèche veut se parer d'or. Le sport en veut autrement, puisque Miruts Yifter accroche certes le podium, mais se pare de bronze. Une médaille olympique, de quoi devenir important en Éthiopie. C'est en tout cas ce que pense Yifter, qui revient au pays triomphant. Au sortir de l'avion, il pense être accueilli par la foule pour célébrer sa médaille. Mais il n'en est rien. C'est la police qui cueille l'infortuné fondeur sur le tarmac de l'aéroport d'Addis-Abeba et l'emmène directement en prison. La raison ? Avoir fait honte au pays ! Pour une médaille de bronze au lieu de l'or ? Non. Plutôt pour avoir été disqualifié pour être arrivé en retard au départ de la finale du 5 000 mètres de ces mêmes Jeux de Munich. On ne plaisante pas avec l'empereur Haïlé Sélassié.

Moustache atomique – 4 septembre 1972

Ce 4 septembre 1972, la Schwimmhalle de Munich vit un moment unique. Le relais 4 x 100 mètres nage libre prend fin sur la victoire du favori : les États-Unis. Mais cette victoire américaine fait surtout entrer un homme dans la légende, Mark Spitz. Le nageur californien se pare d'une neuvième médaille d'or, record absolu dans l'histoire olympique. Sur le podium, les États-Unis toisent leurs adversaires de toujours, l'URSS et l'Allemagne, respectivement médaillées d'argent et de bronze. Du côté des Russes, une particularité ne manque pas d'attirer l'attention : les nageurs ont tous une moustache naissante. Un pari ? Une manière de souder le collectif ? Non, la raison est à chercher dans les rangs américains. Couronné jusqu'ici à six reprises dans toutes les disciplines de la natation, Mark Sptiz avait échangé avec ses adversaires russes sur ce qui pouvait le rendre aussi rapide. Malicieusement, l'Américain avait alors dit : « C'est ma moustache, elle me permet de nager plus vite, car elle empêche l'eau de rentrer directement dans ma bouche. » Copiage immédiat, mais avec toujours à la fin, la victoire du vrai moustachu.

La décision – 5 septembre 1972

Depuis 5 heures du matin, ce 5 septembre 1972, le monde est suspendu à l'issue d'un événement encore jamais vécu : une prise d'otages dans le village olympique des Jeux. Le commando palestinien Septembre noir s'est introduit dans l'hébergement de la délégation israélienne. Pendant plusieurs heures, la police allemande négocie pour éviter un bain de sang. Peine perdue. Sur l'aéroport de la ville, là où les terroristes ont été autorisés à se rendre en vue de prendre deux hélicoptères pour l'Égypte, l'assaut est donné et s'avère un terrible échec. À l'exception de trois preneurs d'otages, toutes les personnes impliquées sont tuées. Il est 23 heures, des voix s'élèvent pour réclamer l'arrêt des Jeux olympiques. La nuit la plus longue de l'histoire de l'olympisme débute, et le lendemain, à l'occasion d'une cérémonie en hommage aux athlètes israéliens assassinés, Avery Brundage le président Comité International Olympique, commence son discours de la sorte : « *The Games must go on* » (« Les Jeux doivent continuer »). Sans jamais citer les noms des otages assassinés, Avery Brundage reste froid, imperturbable. La décision est prise : les Jeux de la 20e olympiade iront à leur terme.

À la louche – 6 septembre 1972

Au lendemain du terrible attentat perpétré par Septembre noir contre la délégation israélienne, le sport tente de reprendre vie, et l'haltérophilie l'y aide avec un des plus grands exploits de l'histoire. Aligné dans la catégorie des super-lourds, le Soviétique Vassili Alexeïev écrase ses concurrents. Le colosse de Riazan, 160 kilos, premier homme à avoir soulevé plus 600 kilos dans le combiné deux ans auparavant, s'empare du titre olympique en signant 640 kilos soulevés en trois sessions, record du monde. La Gewichtheberhalle de Munich est admirative de la performance.

Invaincu depuis deux ans, Vassily Alexeïev ne fait que commencer son règne sur sa discipline, avec cette première médaille d'or olympique. Non content de devenir un modèle de son pays, il s'arrogera 80 records du monde, huit titres planétaires consécutifs, autant de titres continentaux et sept titres nationaux. Au sortir de ce podium munichois, il répond clairement à ceux qui lui demandent le secret de sa réussite : « soulever 40 tonnes de fonte par séance d'entraînement et manger 500 grammes de caviar par jour ». Rien de moins !

Faux numéro – 10 septembre 1972

En cette veille de clôture des Jeux de la 20e olympiade, le marathon des hommes boucle les 38 épreuves d'athlétisme prévues au stade olympique de Munich. Cinq jours après l'attentat perpétré par Septembre noir contre la délégation israélienne, le sport ne peut couvrir le choc en totalité. Cette course va être l'occasion pour le public allemand de célébrer le vainqueur de la course la plus difficile du programme olympique, avec l'Américain Frank Shorter au premier rang des favoris. D'ailleurs, ce dernier attaque dès le 15e kilomètre et s'échappe. Les minutes passent et personne ne peut rattraper Frank Shorter. Personne ? Pas tout à fait. Car c'est le numéro 72 qui fait son entrée en premier dans le stade olympique, bras levés. L'ovation est superbe de la part des 80 000 personnes présentes… Mais au bout de quelques secondes, un brouhaha parcourt les travées. Les commissaires s'approchent du fameux dossard 72. Et pour cause, il n'existe pas sur la feuille des partants ! Cet « athlète » est en réalité un jeune allemand de 16 ans, Norbert Südhaus, qui, une fois sorti de la piste par les officiels, justifie sa blague par le fait d'avoir voulu « réchauffer l'ambiance un peu froide ». Dans la foulée de cet incident, le vrai vainqueur de l'épreuve, Frank Shorter, ne bénéficie que de timides applaudissements d'une assemblée encore interloquée. Mais là où l'histoire bégaye, c'est que Frank Shorter est le troisième Américain à remporter le marathon olympique après Tom Hicks, en 1904, à Saint-Louis, et Johnny Hayes, en 1908, à Londres. Aucun de ces trois vainqueurs n'est entré dans le stade olympique en premier. Tom Hicks et Johnny Hayes, tous les deux deuxièmes, avaient bénéficié après coup de disqualifications de leurs adversaires.

Repère

À Munich, le chronométrage manuel disparaît, son pendant électronique est confié à la marque allemande Junghans pour l'athlétisme et à la marque suisse Longines pour la natation. Toutes les épreuves bénéficient également de la photo-finish, les plots de natation ont des détecteurs de pression, et les starting-blocks sur rail apparaissent eux aussi.

1976

MONTRÉAL (CANADA). RÉVOLTE, TRICHE ET HÉROS

Du 17 juillet au 1er août 1976,
à Montréal, au Canada
6 073 athlètes, 92 pays,
26 disciplines pour 198 épreuves

Une des plus grandes affaires de triche de l'histoire, le premier refus de courber l'échine du continent africain, mais aussi une première mondialement connue en gymnastique qui n'en était pas une ! Le tout pendant que les finances de tout un pays sont grevées par une organisation pantagruélique. Ces 18e Jeux olympiques d'été de l'histoire moderne abritent de sacrées pépites.

Repère : ces Jeux Olympiques de Montréal 1976 sont synonymes d'une facture astronomique pour le Canada. Afin de financer la quinzaine, le gouvernement du pays et la ville de Montréal ont souscrit un emprunt de 1,470 milliard de dollars sur trente ans. C'est seulement en 2007 que le contribuable du pays à la feuille d'érable a fini de payer ces JO à 98 millions de dollars par jour de compétition.

L'Afrique, première de cordée – 17 juillet 1976

À l'heure de la cérémonie d'ouverture de ces Jeux de la 21e olympiade, l'ambiance diplomatique est plus tendue que jamais au Canada. Si l'installation des 92 pays représentés s'est déroulée sans trop de difficultés malgré les problèmes de coûts évoqués par le gouvernement local et la municipalité de Montréal, le pays semble paré à réussir cette quinzaine olympique, autant à l'intérieur qu'à l'extérieur du stade.

Seulement voilà : depuis le 3 juillet, les différents ministères des Affaires étrangères des pays occidentaux et du Commonwealth sont mobilisés pour tenter de résoudre un conflit qui mêle 22 pays du continent africain et la Nouvelle-Zélande. Par l'intermédiaire de Julius Nyerere (Tanzanie), les délégations africaines demandent l'exclusion des Néo-Zélandais à cause d'une tournée des rugbymen All Blacks en Afrique du Sud. Le Comité International Olympique n'a de cesse de répondre que l'Afrique du Sud, sous apartheid, est déjà exclue des JO depuis 1964, et qu'en plus le rugby n'est pas un sport olympique. Déjà victime du boycott de Taïwan qui refuse de participer sous le nom de « République de Chine », les organisateurs canadiens assistent, médusés, au départ de 22 délégations du continent africain juste après la cérémonie d'ouverture. Seuls le Sénégal et la Côte d'Ivoire restent à Montréal. Il s'agit là du premier boycott d'envergure, qualifié alors de « prise d'otages du sport ».

Le premier, mais loin d'être le dernier.

L'Armée rouge prise la main dans le sac – 19 juillet 1976

En ce 19 juillet 1976, le stade d'hiver de l'université de Montréal accueille la deuxième des cinq journées des épreuves individuelles et collectives de pentathlon moderne. Après le tir, place à l'escrime. Les pays favoris que sont la Grande-Bretagne, l'URSS, la Tchécoslovaquie, la Hongrie et les États-Unis forment déjà le top 5 du classement. Seule l'URSS est pour l'heure décevante, seulement quatrième, alors que les Soviétiques sont au Canada pour ramener l'or, avec comme tête de pont l'excellent Boris Onischenko, considéré comme un des meilleurs pentathlètes de la planète. L'épreuve d'escrime démarre, et comme prévu, Onischenko survole les débats, notamment face aux Britanniques, où le demi-colonel du KGB d'alors expédie en quelques secondes Adrian Parker. Stupeur. Dans la foulée, le duel face au leader anglais Jim Fox attire les regards. Mais sur le premier assaut, alors que les deux tireurs sont encore à 15 centimètres l'un de l'autre, la table de marque accorde la touche et la victoire à Boris Onischenko. Jim Fox et sa délégation perdent leur flegme et contestent. Les juges, eux aussi très surpris, se saisissent alors de l'arme du Russe et l'analysent. La sanction ne tarde pas à tomber. À l'intérieur de l'arme, un système d'interrupteur a été implanté afin que la touche soit accordée à son porteur sans forcément toucher son adversaire. L'URSS est disqualifiée sur-le-champ. Boris Onischenko, qui est devenu aux yeux du monde « Boris-le-tricheur », n'est qu'au début de ses ennuis. Il est instantanément et définitivement banni de toute compétition olympique, ses propres coéquipiers, furieux, l'expulsent de l'hôtel où ils logent, et l'Armée le renvoie immédiatement, sur les ordres de Léonid Brejnev. Seul point positif à ce qui reste aujourd'hui une des plus grandes tricheries technologiques de l'histoire : la Fédération internationale d'escrime décide, peu après cette mésaventure, que les armes seront dorénavant fournies par l'instance aux tireurs à chaque compétition.

Sur les genoux – 20 juillet 1976

Il est 20 heures 45 dans le Forum de Montréal ce 20 juillet 1976. La dernière rotation du concours général de gymnastique s'approche et la salle retient son souffle. Les deux Allemagne, le Japon, l'URSS et la Hongrie se disputent le titre roi de la gymnastique masculine à coups de dixièmes de points. Aucune des nations ne peut se prévaloir d'être alors certaine d'une médaille. Il est l'heure pour les six gymnastes de chaque pays d'effectuer leur dernière rotation. Rapidement, les Allemands de l'Ouest et les Hongrois voient leurs chances s'évanouir, puis c'est l'Allemagne de l'Est qui s'arroge la troisième place et la médaille de bronze. Tout se joue entre le Japon et l'URSS pour le titre. Le dernier passage est celui des anneaux. Pour les Nippons, c'est Shun Fujimoto qui a la charge de conclure. Mesurant 1,66 mètre, il joue sur son dynamisme. Son passage est limpide, sa sortie tout autant. La note est quasi parfaite : 9,7. Le natif d'Hiroshima salue puis s'effondre totalement, agonisant. Et pour cause : deux heures auparavant, lors de l'épreuve au sol, Shun Fujimoto s'est brisé le genou droit. La douleur est atroce, mais il refuse d'abandonner l'équipe et ne révèle rien de sa souffrance avant les deux dernières épreuves du cheval d'arçons et des anneaux. Pris en charge en urgence, les médecins lui diagnostiquent une fracture de la rotule, des ménisques et un déchirement des ligaments. Qu'importe, car avec ce 9,7 obtenu aux anneaux, Shun Fujimoto devient un héros national, puisqu'il offre, pour 0,4 point, la médaille d'or au Japon.

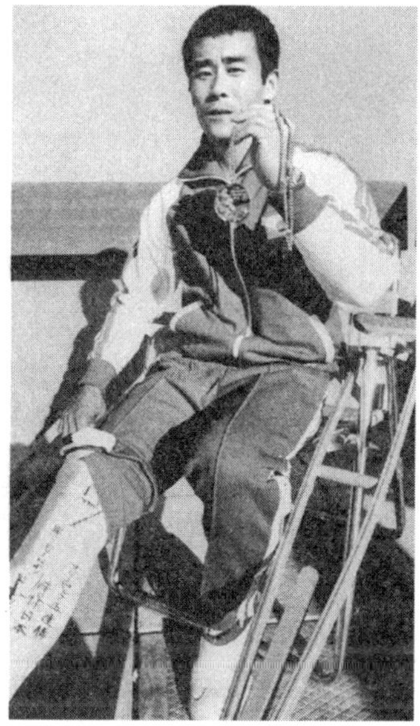

Tel père, tel fils... – 26 juillet 1976

Le cri résonne encore dans le stade olympique de Montréal et sous son dôme si caractéristique. La force dégagée par Miklós Németh est colossale. Ce 26 juillet 1976, son javelot s'envole, frétille puis retombe, piqué dans la pelouse à 94,58 mètres.

Record du monde. L'ovation des 56 000 spectateurs est à la hauteur de l'exploit réalisé par le Hongrois, qui vient de faire exploser le concours olympique dès son premier essai, reléguant son second à près de sept mètres. Celui qui ne faisait pas partie des favoris en début d'épreuve se retrouve donc avec la médaille d'or autour du cou et un pan entier de l'histoire des Jeux Olympiques à ses pieds.

En effet, en devenant champion olympique de javelot, Miklós Németh rejoint alors son père, Imre Németh, titré au lancer du marteau en 1948, à Londres. Il s'agit là du premier et seul couple père-fils médaillé d'or olympique jusqu'à ce jour (en 2021).

Le monde du silence – 28 juillet 1976

Pour la dernière journée des épreuves d'escrime de ces 18e Jeux olympiques d'été au Canada, le 28 juillet 1976, une icône de la discipline est célébrée en la personne d'Ildikó Újlaki-Rejtő.

Tireuse venue de Hongrie, elle entre dans la légende de son sport, avec une septième médaille olympique, en bronze, acquise au fleuret par équipe, comme l'athlète la plus médaillée. Les honneurs se multiplient, les souvenirs de ses deux médailles d'or remportées huit ans auparavant à Tokyo, mais aussi sa toute première, en 1960, à Rome, en argent et toujours par équipe, refleurissent dans les médias mais Ildikó Újlaki-Rejtő abrite surtout deux autres particularités. Et pas des moindres.

La première est qu'elle est alors la première sportive médaillée aux JO sous trois patronymes différents : Ildikó Rejtő en 1960, Ildikó Újlaki-Rejtő en 1964 et 1968, et enfin Ildikó Sági-Újlaki-Rejtő en 1972 et 1976. Mais surtout, et c'est encore bien plus incroyable, Ildikó Rejtő a remporté sept médailles olympiques alors qu'elle était totalement sourde !

Une première qui n'en était pas une – 22 juillet 1976

Au cœur du Forum de Montréal, haut lieu de la gymnastique de ces 18e Jeux olympiques d'été de l'histoire, le monde découvre et adopte, depuis le 19 juillet, une nouvelle star de seulement 14 ans. La Roumaine Nadia Comăneci est dans toutes les conversations. Incroyable de précision et de vélocité dans toutes les disciplines, elle a créé la sensation jusqu'à en faire vaciller la technologie lors des tours de qualification aux barres asymétriques et à la poutre par équipe, où les juges lui ont accordé la note parfaite de 10,0 encore jamais vue jusque-là, à tel point que le panneau d'affichage la transforma un instant en 1,00. La jeune gymnaste réédite son exploit à six reprises dans différentes épreuves pour s'arroger trois médailles d'or et mettre fin au règne des gymnastes russes, invincibles depuis 1960.

Véritable héroïne de ces Jeux olympiques au Canada, Nadia Comăneci entre dans la légende comme étant la première gymnaste à obtenir la note parfaite… aux JO. Ce que l'histoire dit moins, c'est qu'en réalité, la frêle Nadia n'est pas la première à avoir vu les juges internationaux lui accorder la perfection. La première reste la Tchécoslovaque Věra Čáslavská, septuple médaillée d'or aux JO de 1964 et 1968, qui obtint par deux fois cette note à la poutre et au sol, lors des championnats d'Europe 1967 disputés à Amsterdam.

Repère

Le 31 juillet 1976, à quelques heures de la cérémonie de clôture des Jeux de Montréal, une famille va vivre un moment d'histoire. En boxe, en moins de dix minutes d'intervalle, deux frères américains : Michael Spinks (20 ans) et Leon Spinks (23 ans) remportent chacun une médaille d'or dans les catégories moyens et mi-lourds. Une première en compétition individuelle et dans un même sport dans l'ère des Jeux olympiques modernes.

1980

Moscou (URSS). L'Est fait bloc

Du 19 juillet au 3 août 1980,
à Moscou, en URSS
5 179 athlètes, 80 pays,
21 disciplines pour 203 épreuves,

Une chaîne de télé au bord de la faillite à cause du plus grand boycott de l'histoire des Jeux, un bras d'honneur à deux doigts de déclencher une guerre, ou encore le handisport humilié comme jamais. Il n'y a guère que l'histoire d'une équipe venue du bout du monde en URSS pour sourire de ces Jeux de Moscou 1980, qui resteront avant tout à l'image du communisme périclitant : grandeur et décadence.

Repère : le 20 janvier 1980, le président américain Jimmy Carter fait trembler le monde en rendant publique une lettre au Comité International Olympique stipulant « qu'une participation des États-Unis aux prochains Jeux olympiques de Moscou conférerait une légitimité à l'agression caractérisée de l'URSS envers l'Afghanistan ». Fixant un ultimatum d'un mois aux Soviétiques, le président américain confirme sa décision le 20 février et entraîne dans sa décision la bagatelle de 50 autres pays, qui signent le plus grand boycott de l'histoire des Jeux olympiques.

Assurancetourix – 19 juillet 1980

À l'orée des années 1980, la télévision devient l'outil de diffusion mondiale absolue et supplante désormais les journaux et les radios. Économiquement, les sommes engendrées sont de plus en plus importantes quand il s'agit de retransmission sportive, et les Jeux olympiques, au même titre que les Coupes du monde de football, en sont les premières compétitions bénéficiaires. Aux États-Unis, c'est le début d'un nouveau cycle puisque la chaîne ABC, qui diffusait les Jeux olympiques depuis vingt ans, perd l'appel d'offres de vente des droits télévisuels pour retransmettre ces JO moscovites au bénéfice de sa concurrente NBC. Le plan de diffusion est colossal avec 150 heures de programmes sur la quinzaine. Mais dès le début de l'année 1980, la chaîne commence à voir poindre le boycott des États-Unis à la suite de l'envahissement de l'Afghanistan par l'URSS. Les 87 millions de dollars engagés ne peuvent en aucun cas être récupérés, et les reventes éventuelles à différentes chaînes partout dans le monde ne sont pas une réussite. Le boycott des USA et d'un total de 51 pays du monde fait perdre de la valeur aux épreuves, selon les diffuseurs. Le krach financier se profile pour la chaîne NBC. Avec des droits totaux évalués à 101 millions de dollars, le CIO, lui, se frotte les mains malgré des JO 1980 troublés par une diplomatie mondiale plus qu'incertaine. Quelques jours avant la cérémonie d'ouverture, l'échec ne peut être évité, mais grâce à une assurance contractée avec la banque Lloyds, qui couvre 90 % des sommes engagées, NBC évite sa faillite et les Jeux sont tout de même diffusés, bien que la voilure soit réduite à des reportages de 10 minutes par jour, partout dans le monde.

Sans tambour ni trompette – 24 juillet 1980

Le Velotrek de Moscou, ovale de dernière génération créé pour recevoir les compétitions de cyclisme sur piste, voit les compétitions battre leur plein depuis le coup d'envoi de la quinzaine olympique. Mais, en ce 24 juillet 1980, c'est une scène à la fois cocasse et miroir de la situation diplomatique mondiale qui se produit. Après que 14 athlètes se sont affrontés dans l'épreuve du 4 000 mètres hommes, les résultats tombent. La victoire revient au Suisse Robert Dill-Bundi, devant le Français Alain Bondue et le Danois Hans-Henrik Ørsted. En soi, rien de bien insolite. Mais au moment de la cérémonie de remise des médailles, aucun drapeau national n'est hissé et aucun hymne national n'est joué dans une ambiance pour le moins tendue ; seule la musique olympique retentit pendant la montée de trois étendards aux anneaux. La raison ? Les trois pays en question (la Suisse, la France et le Danemark) font partie des

18 pays engagés qui ont décidé de n'emporter ni drapeau national ni hymne aux Jeux olympiques de Moscou, pour protester contre l'envahissement de l'Afghanistan par les Russes, en décembre 1979.

Vacances studieuses, issue heureuse – 25 juillet 1980

Le Stade Lénine s'apprête à vivre le moment attendu de l'épreuve reine de l'athlétisme en ce vendredi 25 juillet 1980 : le 100 mètres masculin. Au départ de cette finale, disputée pour la première fois sans les athlètes américains, dont le pays est le leader mondial du boycott, difficile de retirer un favori entre le Soviétique Aleksandr Aksinin, le Cubain Silvio Leonard ou encore le Bulgare Petar Petrov et le Britannique Allan Wells, ce dernier restant le meilleur temps des demi-finales. Au moment du coup de pistolet de départ, impossible donc d'annoncer qui montera sur la plus haute marche du podium. Seule certitude, le départ sera décisif. Devenu obligatoire à prendre avec le nouvel outil des starting-blocks, l'envol des premiers mètres est désormais un exercice à part entière. Un homme parmi les huit de cette finale l'a travaillé plus que les autres : Allan Wells. Lui qui refusait de s'élancer de la sorte jusqu'alors a dû apprendre à grande vitesse pour les Jeux olympiques de Moscou. Cet ingénieur de 28 ans a pris la décision radicale de s'arroger six mois de congé sans solde pour se préparer et s'habituer à l'usage de ces fameux « start' ». La récompense est fabuleuse puisque son excellent départ lui permet de mener la course de bout en bout et de remporter la médaille d'or en 10 minutes 25.

Humiliation suprême – 30 juillet 1980

Dans le Stade Lénine, les spectateurs russes n'ont d'yeux que pour Konstantin Volkov dans le concours de saut à la perche. La finale est fabuleuse. Les améliorations technologiques récentes permettent, depuis le début de l'année 1980, à de nombreux concurrents de s'offrir le record du monde les uns après les autres. Cela se poursuit dans ce concours olympique. Les Américains absents pour cause de boycott, ce sont deux Polonais, Władysław Kozakiewicz et Tadeusz Ślusarski, et trois Français, Thierry Vigneron, Philippe Houvion et Jean-Michel Bellot, qui chassent le sauteur local dans la course à la médaille d'or. L'écrémage se fait à des hauteurs encore jamais vues de 5,65 mètres. Ne reste que Władysław Kozakiewicz et Konstantin Volkov en lice pour s'arroger le plus précieux métal. Le Stade Lénine siffle alors sans discontinuer chaque essai de l'adversaire polonais. Mais cela ne porte pas chance à Volkov, qui échoue par trois fois à 5,65 mètres quand Kozakiewicz franchit la barre et s'envole à 5,77 mètres pour écraser le concours et se parer d'or. L'affront est là pour l'URSS battue sur son sol. Mais « Koza » ne s'arrête pas en si bon chemin et établit un nouveau record du monde à 5,78 mètres. Le silence se fait dans le Stade Lénine et tranche avec le cri de joie et le sourire du Polonais, qui adresse alors un magistral bras d'honneur à tout le stade. Le scandale est immédiat et se propage dans les coulisses des gouvernements des deux pays. L'ambassadeur d'URSS en Pologne adresse immédiatement une demande de sanction exemplaire au gouvernement polonais pour cette humiliation. La réponse est encore plus humiliante : « le geste de notre athlète est simplement le résultat d'un spasme musculaire ». Difficile de faire plus ironique.

La folle histoire du Zimbabwe ! – 31 juillet 1980

Après avoir été exclu des Jeux olympiques de Munich en 1972 et de Montréal en 1976 pour cause d'apartheid dans le pays alors nommé Rhodésie, la fin du régime conduisit le Comité International Olympique à le réintégrer dans les pays autorisés à participer aux Jeux de la 22e olympiade, à Moscou, en 1980, y compris dans les nouveaux sports, comme le hockey sur gazon qui est intégré dans le programme. Mais point de sélection du Zimbabwe dans les premières listes de qualifiés. Le boycott massif des Jeux en URSS rebat les cartes à seulement cinq semaines de l'ouverture. Cinq des six pays qualifiés pour le tournoi féminin de hockey déclarent forfait pour cause de boycott national. L'Inde, la Tchécoslovaquie, l'Autriche, la Pologne et donc le Zimbabwe se retrouvent invités à défendre leur place face à l'URSS locale. Quinze rencontres sont prévues entre les six pays pour déterminer un classement et attribuer les médailles. En toute hâte, Anthea Stewart, qui avait déjà joué en Afrique du Sud, est à la fois entraîneuse et joueuse et compose une équipe de 16 filles autour des sœurs jumelles Sonia Robertson et

Alexandra Chick, formées à l'école anglaise. Les statuts de la Fédération nationale de Hockey sur gazon sont créés instantanément et déposés, afin de pouvoir concourir officiellement. Arrivées en URSS, les Zimbabwéennes se rendent rapidement compte qu'elles ont une carte à jouer. Entre le 25 et le 31 juillet, leurs cinq matchs se soldent par trois victoires et deux matchs nuls, ce qui est suffisant pour se hisser à la première place et décrocher un des titres les plus inattendus de l'histoire.

Aveugles, sourds, mais pas muets – 4 août 1980

Au lendemain de la cérémonie de clôture des 19e Jeux olympiques d'été de l'histoire moderne, le monde se tourne, comme il en est désormais de coutume depuis 1960 à Rome, vers les Jeux paralympiques. Mais surprise, aucune trace de cette organisation sur le sol soviétique. À la demande d'organisation des Jeux olympiques et paralympiques, le Kremlin a fait une réponse d'une rare froideur :

« Nous n'organiserons pas les Jeux paralympiques car l'URSS n'a pas de handicapés. » Il ne s'agit en réalité que d'une continuité politique dans le pays. Les handicapés du temps de l'Union soviétique sont marginalisés, voire écartés des instituts médicaux. Le Comité International Olympique ne parvient pas à infléchir le refus des Russes et doit se résoudre à demander à un autre pays d'organiser ces Jeux paralympiques de 1980, qui débarquent finalement aux Pays-Bas, où Arnhem en prend la charge. L'URSS, comme lors des cinq premières éditions de Jeux pour sportifs handicapés, ne participe évidemment pas. Il faudra attendre 1988, où le CIO organise des Jeux paralympiques d'hiver à Innsbruck (Autriche) et d'été à Séoul (Corée du Sud) pour que le pays daigne envoyer 22 participants. Ce seront les premiers et derniers Jeux paralympiques de l'URSS avant sa disparition.

1984

Los Angeles (États-Unis). Là où le dollar est roi

Du 28 juillet au 12 août 1984,
à Los Angeles, aux États-Unis
6 829 athlètes, 140 pays,
29 disciplines pour 221 épreuves

À l'Américaine ! Dollars qui coulent à flots, innovations technologiques, course à la technologie et idéalisation du monde occidental, les Jeux de la 23e olympiade de l'ère moderne sont à l'image de leur terre d'accueil : opulents. Un quadruple champion olympique d'athlétisme qui est retenu en NBA, une Française éjectée du podium, ou encore un homme volant au-dessus du stade olympique et McDo mis en péril par des Russes absents, les Jeux de 1984 sont démesurés.

Repère : le 29 juillet 1984, au premier jour des compétitions de natation de ces 20e Jeux d'été de l'histoire moderne, c'est un centre aquatique flambant neuf qui est découvert à ciel ouvert, chose qui n'était plus arrivée depuis 1960, à Rome. L'infrastructure est au top de la technologie. Normal, il est l'un des deux seuls sites avec le vélodrome, parmi les 28 recevant des épreuves, à avoir été construit spécialement pour ces JO 1984. Montant de l'investissement : 4 millions de dollars… financés exclusivement par l'entreprise McDonald's. En compensation, l'enceinte reçoit le nom de « stade olympique de natation McDonald's ».

L'incroyable recrutement – 19 juin 1984

Avant le début de ces Jeux olympiques de la 23e olympiade, un moment incontournable dans la vie des Américains a lieu le 19 juin 1984 : la draft NBA. Autrement dit, le recrutement officiel des jeunes basketteurs amenés à évoluer dans la National Basketball Association, le plus grand championnat de basket au monde. Personne ne le sait encore, mais cette draft 1984 va devenir légendaire. Les Chicago Bulls ont le nez creux et un peu de chance en ayant la possibilité de recruter Michael Jordan, ce qu'ils font. Le premier choix de cette draft est un certain Hakeem Olajuwon, qui part à Houston, où il restera toute sa carrière avec deux titres de champion et un statut de meilleur pivot de l'histoire à la clé. D'autres immenses vedettes, comme Charles Barkley et John Stockton, sont aussi de cette draft incroyable. Mais il y a encore plus fou. En 208e choix de cette draft 1984 est mentionné un certain Carl Lewis. Celui qui est déjà champion du monde d'athlétisme du 100 mètres et du saut en longueur est recruté à son tour par les Chicago Bulls. Enrôlé, Carl Lewis prépare ses Jeux olympiques et y décroche quatre titres. Pourtant, il ne jouera jamais sous le maillot des Bulls en NBA.

Le prix de la peur – 28 juillet 1984

En ce 28 juillet 1984, la cérémonie d'ouverture des 20e Jeux olympiques d'été de l'histoire moderne est marquée par des innovations technologiques surprenantes, à l'image de cet homme volant, Bill Suitor, propulsé dans les airs par la Bell Rocket Belt qui fait une entrée fracassante dans le stade olympique. Malgré le boycott du bloc soviétique, près de 7 000 athlètes venus de 140 nations concourent dans 21 sports ; un record. Mais le comité d'organisation a une hantise suprême : la sécurité. Tout a été prévu, évoqué, travaillé et financé pour que le drame de Munich en 1972 n'ait aucune possibilité de se reproduire, à Los Angeles. Ce sont ainsi 80 hélicoptères qui tournent en permanence au-dessus des sites et des villages abritant les athlètes avec un total incroyable de 17 000 personnels de sécurité, police et même FBI qui sont réquisitionnés pour la quinzaine. Avec une facture astronomique au bout : 55 millions de dollars, rien que pour assurer la protection de ces Jeux olympiques. La vie n'a pas de prix, dit-on.

Sacré esprit olympique – 5 août 1984

Elles sont 50 athlètes venues de 28 pays à prendre le départ du premier marathon féminin de l'histoire des Jeux olympiques modernes.

La course prend son envol dès 8 heures du matin (heure locale) et s'avère rapidement très compliquée pour la plupart des concurrentes. Les écarts se creusent dès les premiers kilomètres, et au terme des 42,195 km de course, c'est l'Américaine Joan Benoit qui s'impose, alors qu'elle était donnée comme perdue pour l'épreuve, puisque ayant subi quelques semaines avant la course une arthroscopie du genou.

Mais l'image qui fera le tour du monde dans ce marathon n'est pas celle de l'heureuse gagnante. Sous un soleil de plomb, l'arrivée de Gabriela Andersen-Schiess est un calvaire, au sens premier du terme.

Titubant sur la piste, chutant, se relevant, appelant à l'aide le public, mais refusant toute aide des commissaires qui la disqualifierait, la Suissesse franchit finalement la ligne en 2 heures 48 minutes 42, à la 37e position, sous l'ovation des 120 000 spectateurs du stade olympique. Une autre athlète, tout autant dans la difficulté, n'aura, en revanche, pas eu l'occasion de goûter ce moment de gloire.

À mi-parcours, la concurrente hondurienne Leda Diaz de Cano était déjà décrochée, avec trente minutes de retard sur les meneuses. Les commissaires se sont alors approchés d'elle et l'ont convaincue d'abandonner, ce qu'elle fit. Leur raison ? Il fallait rendre la route de Los Angeles aux voitures le plus rapidement possible.

Éjectée du paradis – 10 août 1984

La tension est à son comble en ce 10 août 1984, à deux jours de la fin des Jeux de Los Angeles. La finale du 110 mètres haies féminin doit sacrer les Américaines Benita Fitzgerald et Kim Turner, favorites. Après 12 secondes 84, Fitzgerald monte comme attendu sur le toit du monde, mais il n'en est rien pour son amie Kim Turner. Car la Britannique Shirley Strong est venue s'emparer de la seconde place tandis qu'une petite Française, Michèle Chardonnet, est annoncée comme troisième et médaillée de bronze. Mais la joie de la tricolore ne dure pas, puisque les juges effacent tout nom de la troisième place dans un premier temps, et annoncent ensuite la médaille pour l'Américaine Kim Turner, à la suite d'un enchaînement de réclamations.

Le stade olympique exulte de ces deux nouvelles médailles américaines, et Michèle Chardonnet quitte le terrain en pleurs. Privée de son rêve de médaille olympique, la hurdleuse française n'abandonne pas et se lance, avec la Fédération française d'athlétisme, dans une grande bataille pour retrouver son bien. Deux jours après l'injustice, le journal *Le Monde* publie la photo-finish de la course, où l'on distingue qu'une égalité aurait dû être prononcée entre les athlètes.

Ces documents sont transmis à la Fédération internationale d'athlétisme (IAAF), qui lance une procédure. Mais la lenteur de cette dernière fait filer les jours, les semaines et même les mois. Le 19 janvier 1985, elle reçoit enfin sa médaille de bronze après cent soixante-deux jours de procédure. Très loin du rêve de podium olympique qui aurait dû lui être offert.

Le premier Français était italien et anglais ! – 10 août 1984

À la veille de la fin des épreuves de judo de ces 20e Jeux olympiques d'été, c'est la catégorie des poids lourds qui est à l'honneur, et un combattant mondialement reconnu tire sa révérence en la personne d'Angelo Parisi. Loti de 10 médailles européennes et de trois médailles olympiques avant cet ultime tournoi, le judoka fait partie des favoris. Et il assume ce statut. Il atteint la finale, décrochant une médaille d'argent après sa défaite devant le Japonais Hitoshi Saitō. Sur le podium, il monte avec le survêtement de l'équipe de France, sa terre d'accueil depuis 1975, et à laquelle il a apporté la première médaille d'or olympique de l'histoire en judo, en 1980, à Moscou. Mais avant cela, Angelo Parisi avait aussi été médaillé olympique pour l'Angleterre en 1972, là où il avait débuté le judo. Et il aurait tout aussi bien pu l'être pour l'Italie, là où il est né, à Arpino. Triple drapeau, triple ban.

McDo presque coulé par les Russes ! – 12 août 1984

À l'heure de la cérémonie de clôture de ces Jeux de la 23e olympiade de l'ère moderne, le bilan est des plus positifs, notamment sur le plan financier pour les organisateurs, au premier rang desquels le président du comité d'organisation américain Peter Ueberroth, qui brandit la somme de 150 millions de dollars de bénéfices. Mais un des acteurs majeurs de ces JO de 1984 est nettement moins joyeux : la firme de restauration rapide McDonald's. Juste avant l'ouverture des JO, le roi du « drive » avait décidé de lancer une opération marketing associée aux compétitions et visant à supporter les athlètes américains.

À chaque médaille de bronze remportée par un sportif américain, McDo déclare offrir un soda à tous ses clients dans le monde ; à chaque médaille d'argent, c'est une frite qui est offerte ; à chaque médaille d'or, c'est carrément un Big Mac gratuit pour tous. Cette opération promotionnelle avait été basée sur le résultat de 1976, où les États-Unis avaient alors remporté 94 médailles. Mais à quelques semaines du début des Jeux olympiques, l'URSS et tous ses pays satellites décident de boycotter les épreuves. Les États-Unis se retrouvent *de facto* grandissimes favoris dans la plupart des épreuves.

La domination des femmes et hommes au *Stars and Stripes* est impressionnante, puisque le total est de 174 médailles, dont 83 médailles d'or. Les pertes sont abyssales et se comptent en dizaines de millions de dollars pour McDonald's, qui offre des millions de frites, de sodas et de Big Mac, et mettra plusieurs années à se remettre de ce « fameux » coup de pub.

1988

Séoul (Corée du Sud). Le matin pas si calme

Du 17 septembre au 2 octobre 1988,
à Séoul, en Corée du Sud
8 391 athlètes, 159 pays,
31 disciplines pour 237 épreuves

Un boxeur contestataire à qui l'on éteint la lumière et qui reste seul dans le noir, des SDF que l'on évacue des rues pour envoyer en enfer, ou encore des pays qui s'achètent et se revendent leurs sportifs médaillés… Les Jeux de Séoul n'ont rien de tranquille, à quelques mois de l'explosion de l'Union soviétique. Même sur la piste, le dopage est mondialement mis en lumière par l'affaire Ben Johnson. Et tout cela a commencé dès la cérémonie d'ouverture, où rien ne s'est passé comme prévu.

Repère

17 septembre 1988. La cérémonie d'ouverture des Jeux de la 24e olympiade de l'ère moderne atteint son apogée. Les tableaux se sont succédé, plus de 8 000 athlètes ont défilé, il est l'heure de procéder aux derniers mètres de parcours de la symbolique flamme olympique. Un vieil homme de 76 ans fait alors son entrée sous les acclamations. Cet homme, c'est le coureur à pied coréen Son Ki-chong qui tient là une douce revanche sur le passé. En 1936, lors des JO de Berlin, il avait remporté le marathon sous les couleurs... du Japon. Colonisant alors la Corée depuis 1910, l'empire du Soleil-Levant avait japonisé Son Ki-chong en Son Kitei. Le Comité International Olympique n'a jamais accepté de rectifier son nom ni sa nationalité sur les palmarès officiels au moment de sa victoire.

Poulet rôti – 17 septembre 1988

Le pays du matin calme est, une fois n'est pas coutume, en ébullition en cette mi-septembre 1988. L'attribution des Jeux de la 24e olympiade moderne est une première pour les Coréens, qui voient là l'occasion de se démarquer de leurs voisins chinois et japonais. Dans l'écrin du stade olympique de Séoul, pas moins de 100 000 spectateurs sont massés pour assister à la cérémonie d'ouverture, où près de 9 000 athlètes venus de 159 pays sont présents. Sous les yeux de Roh Tae-woo, président de la Corée du Sud, et de Juan Antonio Samaranch, président du Comité International Olympique, les tableaux historiques glorifient le pays hôte. Comme le veut la tradition, le serment olympique et l'arrivée de la torche se déroule parfaitement, jusqu'au lâcher de colombes, symbole de paix mondiale. Mais ce lâcher de colombes va mal tourner. Les volatiles, à peine lâchés depuis la tribune officielle, partent directement se nicher dans la vasque de la flamme olympique… qui s'allume ! La plupart des colombes sont alors instantanément calcinées. Jamais plus le lâcher de colombes et l'allumage de la vasque se feront de manière simultanée.

« Dis-grasse » – 18 septembre 1988

Au lendemain de la cérémonie d'ouverture des Jeux de la 24e olympiade de l'ère moderne, les épreuves démarrent tambour battant sur les 21 sites olympiques aménagés par les organisateurs coréens. Au Séoul Sports Complex, les boxeurs sont à l'honneur avec les premiers tours de chaque catégorie. Et avant ces épreuves, Edouard Paululum fait figure de héros, lui qui a été sous le feu des projecteurs la veille, comme étant le premier représentant de l'histoire olympique de son archipel du Vanuatu. Pressé d'en découdre dans sa catégorie des moins de 54 kilos, Paululum n'en oublie pas pour autant de se constituer un vrai capital énergétique au petit-déjeuner. Malheureusement pour lui, le petit-déjeuner en question est nettement trop copieux, et au moment du passage à la pesée, l'homme du Pacifique pèse 54,4 kilos, soit une petite livre de trop. Les juges n'ont pas le choix et appliquent le règlement : disqualification immédiate pour avoir dépassé le poids maximal. Porté en héros, le pugiliste revient chez lui sans gloire. Et surtout sans avoir combattu.

Un gros chèque pour changer de nationalité – 20 septembre 1988

Le monde découvre, ce 20 septembre 1988, un petit homme mesurant 1,47 mètre et pesant 60 kilos, capable de soulever près de six fois son poids en haltérophilie. Le total de Naïm Süleymanoğlu est de 342,5 kilos soulevés en finale de la catégorie des moins de 60 kilos, avec, en prime, les records du monde arraché et épaulé jeté. Largement suffisant pour se parer de la médaille d'or lors de ces Jeux de Séoul 1988. Mais rapidement, le parcours du génie turc révèle de nombreuses zones d'ombre. Né Naïm Suleymanov en Bulgarie en 1967, le jeune homme commence à être dans le viseur des autorités de son pays dès l'âge de 16 ans, où il enchaîne les performances dans son sport, lui l'étranger d'origine. Revenu d'un camp d'entraînement en Australie, il change une première fois son identité en Naum Shalamanov en 1986. Un premier pas vers sa nouvelle vie, puisque dans les mois suivants, il demande l'asile à la Turquie et devient Naïm Süleymanoğlu. Mais le règlement du Comité International Olympique est clair : un athlète qui change de nationalité ne peut pas représenter son pays d'accueil pendant trois ans, sauf en cas d'accord entre nations. Entre une Turquie avide de médailles olympiques et de reconnaissance internationale et la Bulgarie avide d'argent frais, un accord est trouvé : pour participer aux Jeux olympiques de Séoul 1988, la Turquie signe un chèque d'un million de dollars à la Bulgarie.

J'y suis, j'y reste – 22 septembre 1988

Pour le compte du quatrième tour du tournoi de boxe de la catégorie des moins de 54 kilos, l'enfer se déchaîne sur le Seoul Sports Complex à l'annonce du verdict dans le duel opposant le Bulgare Alexsandar Khristov au Coréen Byun Jung-il. Alors que la rencontre est très serrée entre les deux boxeurs, l'arbitre du match, Keith Walker, accompagné des juges de table, prononce la victoire pour Khistov, prétextant que Jeong-il avait des points de pénalité pour coups de tête à adversaires. L'affaire tourne instantanément à la bagarre générale. Les staffs coréens et bulgares s'affrontent, mais s'en prennent aussi à l'arbitre. La scène est lamentable sur les images, d'autant que les services de sécurité coréens brillent par leur lenteur à ramener le calme. Tous les protagonistes sont finalement évacués, et une enquête est immédiatement ouverte par les juges internationaux. Alors que la salle est évacuée, seul le boxeur local Byun Jung-il décide de protester à sa manière, en s'asseyant sur le ring sans bouger. Pendant soixante-sept minutes, le Coréen pleure sur son sort, assis. Les autres combats sont tous annulés et l'organisation finit par éteindre la lumière du Seoul Sports Complex, seule solution pour que le sit-in de Jung-il prenne fin. Si l'image fait le tour du monde, elle coûte entre autres sa place au chef de délégation coréen, et des excuses diplomatiques sont faites à la Nouvelle-Zélande par le président de la République de Corée du Sud.

La grâce graciée – 23 septembre 1988

À l'arrivée de ce marathon féminin des Jeux de Séoul 1988, c'est, sinon la, tout au moins l'une des plus grandes marathoniennes de l'histoire qui lève les bras, la Portugaise Rosa Mota. Celle qui, six ans plus tôt, a remporté le premier marathon féminin d'un grand championnat lors des championnats d'Europe, puis s'est offert une médaille de bronze au premier marathon olympique féminin à Los Angeles en 1984, décroche cette fois la lune. Mais l'histoire de cette consécration aurait dû être tout autre. Brouillée avec la Fédération portugaise d'athlétisme, Rosa Mota, malgré ses temps nettement en dessous des minimas, n'est pas sélectionnée pour ces Jeux en Corée du Sud. La surprise est totale dans le pays, et c'est finalement une intervention pour le moins inattendue qui va offrir le billet pour Séoul à l'athlète native de Porto : celle de Mário Soares, qui n'est autre que le président de la République du Portugal. Ce dernier gracie Rosa Mota des « reproches » qui lui sont faits par la Fédération nationale, et demande expressément une révision de la décision initiale. Chose faite instantanément pour le résultat espéré.

Ding dong... – 25 septembre 1988

Dans une discipline de la boxe qui propose une très large gamme de pugilistes pour ces 21e Jeux d'été de l'ère moderne, les organisateurs décident, pour ne pas connaître de retard dans le déroulement des 12 tournois pour autant de catégories de poids, de mettre deux rings en service, l'un à côté de l'autre dans le Seoul Sports Complex. Pour éviter toute forme de confusion, il est décidé que les fins de rounds seront signifiées par une cloche sur le ring A, et par un buzzer sur le ring B. Mais l'affaire finit par avoir des conséquences sur un combat, lors du troisième tour de la catégorie mi-welters opposant le Coréen Jeon Jin-cheol à l'Américain Todd Foster. À dix-sept secondes de la fin de la première reprise, la cloche du ring A retentit. Les deux boxeurs et l'arbitre hongrois s'arrêtent. Jeon Jin-cheol fait un pas en arrière ; l'arbitre annonce la fin de la reprise. Todd Foster réagit qu'ils sont sur le ring B et que la cloche vient du ring mitoyen. Il se rue alors sur son adversaire et l'envoie au tapis. L'arbitre commence à compter l'infortuné Coréen, puis prend conseil auprès des juges. Après de nombreux atermoiements, le combat est redisputé deux heures et quart plus tard. Todd Foster s'impose au second round, avant que buzzer ou cloche ne retentisse.

De l'autre côté du rideau – 30 septembre 1988

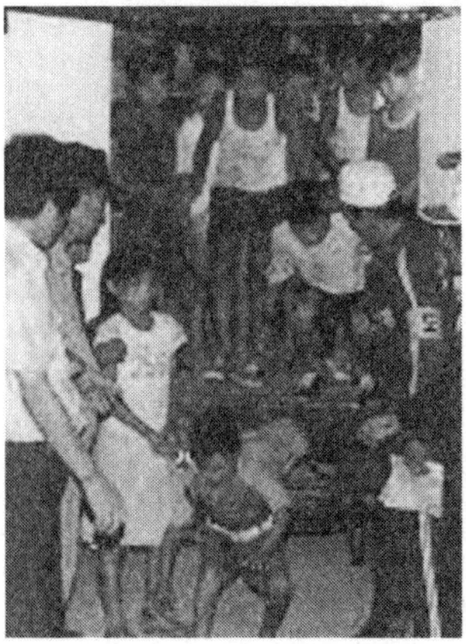

C'est une affaire plus qu'embarrassante qui se retrouve dans les mains du président de Corée du Sud, Roh Tae-woo, en plein cœur des 21e Jeux olympiques d'été. Deux journalistes d'*Associated Press*, Kim Tong-Hyung et Foster Klug révèlent l'existence de « camps de concentration » dans le pays, destinés à recevoir « les vagabonds exfiltrés des villes et de Séoul en particulier, pour donner une meilleure image du pays ». Selon leurs révélations, des milliers de personnes, dont beaucoup étaient des enfants en bas âge, ont été envoyées dans l'année précédant les Jeux olympiques dans des « centres de bien-être » appelés *Brothers Home*, où elles ont été victimes de sévices, de viols de routine, pour nombre d'entre elles, qui se sont conclus par la mort. Élu en février 1988, Roh Tae-woo ne peut rien justifier de ces accusations qui visent surtout ses prédécesseurs, dont Chun Doo-hwan, qui a pris soin de supprimer par décret toute possibilité d'enquête publique sur les faits. Ce qui n'empêchera pas la parution de quelques photos dans les médias du monde pendant ces JO.

1992

Barcelone (Espagne). Les Jeux de Midas

Du 24 juillet au 9 août 1992, à Barcelone, en Espagne
9 356 athlètes, 169 pays, 34 disciplines pour 257 épreuves

Pour la première fois de son histoire moderne, les Jeux olympiques profitent au développement de toute une ville. Tout ce qu'a touché l'organisation barcelonaise dans ces Jeux de la 25e olympiade s'est transformé en or : routes, espaces verts, plages, chômage en chute libre. La notion d'héritage débarque dans l'aventure olympique. Une résurrection lors de la cérémonie d'ouverture, la naissance de la *Dream Team* ainsi qu'une pluie de préservatifs sur le village olympique sont venus graver dans l'histoire ces premiers jeux en Espagne.

Une attente de 65 ans – 24 juillet 1992

Pour protester contre l'attribution des Jeux olympiques de 1936 à la ville de Berlin et au régime nazi, une compétition alternative devait avoir lieu à Barcelone cette même année. La bagatelle de 6 000 athlètes étaient prêts à y participer, mais la guerre civile espagnole s'est déclarée la veille de l'ouverture par le *pronunciamiento* militaire de Francisco Franco, le 17 juillet 1936, annulant tout bonnement la fête. Construit en 1927 pour accueillir ces Jeux alternatifs dénommés « Olympiade populaire », le stade olympique de Barcelone n'arborera jamais les anneaux, symboles du déroulement des épreuves. Quand la ville catalane est choisie en 1987 par le Comité International Olympique, le maire de Barcelone, Pasqual Maragall, et le directeur exécutif du comité d'organisation espagnol, Josep Miquel Abad, décident que ce stade olympique sera cette fois l'écrin des épreuves. Transformé par l'architecte italien Vittorio Gregotti, il passe de 15 000 à 80 000 places pour enfin accueillir la vasque et les anneaux, après soixante-cinq ans de patience.

Post mortem – 25 juillet 1992

En ce 25 juillet 1992, le monde n'a d'yeux que pour Barcelone, centre de la planète sport qui ouvre les Jeux olympiques de la 25e olympiade de l'histoire moderne. Le spectacle de cette cérémonie, mis en scène par la compagnie barcelonaise *La Fura des Baus*, représente notamment la scène mythologique d'Hercule créant la mer Méditerranée. Les 67 000 spectateurs du stade olympique de la ville sont sous le charme. Jusqu'aux premières notes de l'hymne : *Barcelona,* écrit et interprété par Freddy Mercury, le légendaire chanteur du groupe Queen, accompagné de la cantatrice Montserrat Caballé. La rencontre entre les deux personnalités a eu lieu neuf ans auparavant, en 1983, quand Freddy Mercury avait admiré Montserrat

Caballé dans *Un Ballo In Marshera*, au Royal Opera House de Londres. En 1988, la chanson titre de l'album *Barcelona* est sortie ; immédiatement, le comité d'organisation des Jeux olympiques de Barcelone décide d'en faire l'hymne officiel de la quinzaine. Consécration matérialisée par la diffusion sur les écrans géants du stade et sur toutes les télévisions du monde des deux chanteurs interprétant l'œuvre. Mais pourquoi ces deniers n'étaient-ils pas présents sur le stade en direct ? Tout simplement parce que Freddy Mercury n'était plus de ce monde, disparu depuis le 24 novembre 1991.

Un tir pour l'histoire – 28 juillet 1992

Au cours de cette première semaine d'épreuves des 22e Jeux olympiques d'été de l'ère moderne, les performances s'enchaînent sur les différents sites au rythme des premières médailles qui tombent. Mais en ce 28 juillet 1992, c'est au Campo de tiro de Mollet del Vallès, centre névralgique des épreuves de tir, qu'un retentissant exploit va secouer la planète sport. L'épreuve de skeet olympique – comprenez le ball-trap – touche à sa fin. 60 compétiteurs venus de 38 pays se disputent le podium. En finale, six concurrents de six pays différents restent en lice. Le médaillé d'or 1984 à Los Angeles, l'Américain Matthew Dryke, échoue rapidement et se classe sixième, puis l'on remonte le tableau jusqu'à l'Italien Bruno Rossetti, qui prend la médaille de bronze, juste derrière le Péruvien Juan Giha. La médaille d'or, avec la bagatelle de 223 plateaux abattus sur 225 possibles, est pour Zhang Shan, qui vient de Chine. Et si l'exploit est immédiatement relayé partout dans le monde, c'est parce que Zhang Shan est une femme. La première de l'histoire à remporter un titre dans une compétition mixte.

Podium fantôme – 2 août 1992

À mi-parcours de ces Jeux barcelonais de la 25e olympiade, le stade olympique accueille les costauds en ce 2 août 1992 : la finale du lancer du poids. L'affaire tient en haleine des dizaines de milliers de spectateurs tant le concours est palpitant. Douze finalistes qui approchent tous ou dépassent les 20 mètres, six leaders qui changent de position à chaque essai, le suspense est là. Il faut attendre le dernier essai pour connaître le podium final de l'épreuve avec un doublé américain. La médaille d'or est pour Michael Stulce et celle en argent pour James Doehring. La dernière breloque, en bronze, est pour le Russe Vyacheslav Lykho. Les trois gaillards se congratulent, montent sur le podium, y reçoivent leur précieux bien et l'hymne américain du *The Star-Spangled Banner* retentit. Mais pour la première fois de l'histoire, il s'agit là d'un podium fantôme qui provoque bien des réactions autour de la piste. Car au cours de l'année 1990, les trois médaillés avaient tous été contrôlés positifs aux stéroïdes anabolisants et suspendus par la Fédération internationale d'athlétisme.

Une médaille contre de la chirurgie – 31 juillet 1992

C'est une des tsarines du cyclisme sur piste mondial qui est acclamée par le Velódromo de Horta, ce 31 juillet 1992. À 30 ans, Erika Salumäe remporte le titre olympique dans l'épreuve de vitesse féminine, en cyclisme sur piste. Une consécration sous forme de doublé, puisque l'Estonienne réussit à conserver son bien, acquis aux Jeux de Séoul en 1988, mais sous le maillot soviétique. De nouveau Estonienne depuis l'éclatement du bloc de l'Est au début des années 1990, Erika Salumäe rapporte à son pays sa première médaille depuis la restauration, elle qui avait empilé les podiums mondiaux sous la tunique rouge de l'URSS. Ce titre de double championne olympique, Erika Salumäe va pourtant devoir en abandonner ses symboles que sont les médailles. Vivant en retraite en Espagne avec de maigres revenus, elle est contrainte de mettre en vente ses deux précieux cercles d'or pour financer ses soins médicaux, notamment une opération du dos. Confiées à la maison Graham Budd de Londres, les deux médailles d'or de la championne sont vendues en 2013 et lui rapportent 95 000 euros au total, ce qui lui permet, à 51 ans, de se soigner.

Fidèles à Fidel – 8 août 1992

Si Javier Sotomayor est la star cubaine de ces 22e Jeux olympiques d'été de l'histoire moderne en se parant d'or en saut en hauteur, sur une marque de 2,34 mètres, le pays de Fidel Castro crève l'écran grâce à… ses boxeurs. Dans les 12 catégories en compétition, les pugilistes cubains trustent les titres de champion et de vice-champion olympiques avec sept médailles en or et deux en argent. Une réussite insolente, qui est due à deux aspects culturels profonds de Cuba. Le premier est à mettre au crédit de Fidel Castro, qui a déclaré dans la constitution de l'État que le sport devrait rester amateur. Ensuite, Castro décida de créer un réseau de 600 entraîneurs et de créer le Finca Orbein Quesada, un centre d'entraînement spécifique qui réunit 4 000 boxeurs, tous sous le contrôle d'Alcides Sagarra. Les médaillés poussent à chaque olympiade, mais celle de Barcelone 1992 est aussi la dernière où les athlètes font preuve d'une fidélité à toute épreuve au Lider Maximo en refusant l'appel des sirènes, comme lorsqu'à son retour à l'hôtel, ce 8 août 1992, médaille d'or des moins de 91 kilos autour du cou, Félix Savón s'écrie : « Que représentent 8 millions de dollars par rapport à la ferveur de 8 millions de Cubains ? » en repoussant cadeaux, numéros d'agents et propositions de contrat pour passer professionnel – et défier Mike Tyson notamment. Il sera un des derniers à rester amateur, héros cubain dans son île.

L'arnaque de la Dream Team – 8 août 1992

Domination écrasante, spectacle ahurissant, vedettes à tous les étages… Pour la première fois, les meilleurs basketteurs du monde sont au rendez-vous aux anneaux après que le Comité International Olympique a autorisé la présence des professionnels de la NBA aux Jeux. La *Dream Team* des États-Unis est dans la place ! Mais même si l'équipe est incroyable, le travail à faire est hors du terrain. Faire cohabiter une pléiade de stars n'avait rien d'une sinécure pour Chuck Daly, l'entraîneur. Sa première idée a été brillante. Emmener cette constellation en préparation à Monaco. Sous le stade Louis II, dans une salle fermée et à l'abri des regards, les Américains ont huilé les rouages techniques. Pour le reste, les ressorts pour trouver de la proximité entre les joueurs ont été moins... sportifs. Notamment quand il a fallu faire se parler Larry Bird, l'étoile de Boston, et Patrick Ewing, leader de New York, les deux villes qui se détestent le plus sur la côte est des États-Unis. Mais en vivant en vase clos, les deux stars ont bien été obligées de se croiser. C'est Charles Barkley, qui a raconté l'histoire : « On partageait moult bières le soir dans les chambres d'hôtel. Une fois, j'ai bu avec Larry Bird. Il boit la bière la plus forte du monde, j'ai mis deux jours à m'en remettre. » Avant cette excursion préolympique à Monaco, Patrick Ewing n'avait jamais bu de bière. Le cocktail s'est avéré détonnant un soir, quand les deux légendes se sont retrouvées l'une à côté de l'autre, au bar : « Larry Bird en profita pour lui faire payer tous les verres. Mais Patrick Ewing ne savait pas combien c'était censé coûter », riait encore Charles Barkley, quelques mois après la victoire. Dans leur palace monégasque, le verre de bière était à huit dollars, soit 14,80 euros en 2021 ! La facture totale, réglée par « Pat » Ewing, restera elle aussi dans l'histoire.

ÉTAT DE GUERRE – 9 AOÛT 1992

Dire que les autorités espagnoles ont mis tout en œuvre pour éviter tout problème de sécurité aux athlètes et spectateurs n'est qu'un doux euphémisme. En proie à de nombreuses menaces venues de l'ETA (*Euskadi Ta Askatasuna*), organisation terroriste qui milite pour l'indépendance du Pays basque, l'Espagne ne lésine pas sur les moyens de protection. Ainsi, ce sont 45 000 membres des forces de sécurité qui sont mobilisés en état d'alerte, dont 5 000 sont placés le long de la frontière avec la France. Pas moins de 100 navires de guerre surveillent les côtes méditerranéennes, et quatre sous-marins sont en position, dans le port de Barcelone, situé à moins de 500 mètres du stade olympique. Du jamais vu. Mais en ce 9 août, une fois la cérémonie de clôture passée, le bilan est là : aucun problème de sécurité n'a été décelé en quinze jours. La fin justifie les moyens, en la matière.

Repère

Avec les Jeux de Barcelone à l'été 1992, et après des débuts effacés en Corée du Sud quatre ans plus tôt à Séoul, la lutte contre le sida investit pleinement la sphère olympique. Pour marquer cette lutte et faire passer les messages, les organisations de santé profitent de la visibilité des Jeux olympiques pour y faire distribuer la bagatelle de 70 000 préservatifs aux 9 500 athlètes présents. Tous seront utilisés. À Londres, en 2012, pour un nombre équivalent d'athlètes, ce sont 150 000 préservatifs qui seront distribués. Tous seront également utilisés pendant la quinzaine.

1996

Atlanta (États-Unis). Le big bazar

Du 19 juillet au 4 août 1996,
à Atlanta, aux États-Unis
10 318 athlètes, 198 pays,
37 disciplines pour 271 épreuves

Autant Barcelone avait tout fait pour conserver l'héritage structurel des Jeux quatre ans plus tôt, autant les Américains, pour leur quatrième réception de l'histoire moderne, vont à l'encontre de tout cela. Avec un rendu pour le moins décevant. Les histoires de San San et des frères Jabrailov, du coup de foudre de Cliff Meidl ou des pieds de Michael Johnson font face, au moment de l'émotion de la cérémonie d'ouverture, à la légende Mohamed Ali.

Médaille et tremblements – 19 juillet 1996

Le 19 juillet 1996 a lieu une grandiose cérémonie d'ouverture au Centennial Olympic Stadium d'Atlanta, devant 80 000 spectateurs et 3,6 milliards de téléspectateurs.

L'émotion atteint son paroxysme au moment de dévoiler le dernier relayeur de la flamme olympique, prêt à allumer la vasque pour ouvrir la quinzaine olympique. La lumière se fait sur Janet Ewans, avant-dernière relayeuse qui se présente devant Mohamed Ali. La légende de la boxe apparaît, torche olympique dans la main droite, regard dans le vide, bras gauche tremblant, lui qui est sévèrement touché par la maladie de Parkinson. Le silence se fait ; Mohamed Ali parvient à allumer le dernier ballot qui, aiguillé par un câble, monte vers la vasque conique pour l'embraser. L'ovation monte des tribunes pour saluer Mohamed Ali autant que l'allumage de la flamme. Des images qui font le tour du monde, tout comme celles de la délégation du Comité International Olympique, conduite par le président Juan Antonio Samaranch. Ce dernier remet officiellement une nouvelle médaille d'or au champion de boxe qui, de rage, avait jeté l'originale acquise aux Jeux de Rome en 1960, dans l'Ohio, à Louisville, sa ville natale, après s'être vu refuser l'entrée d'un « restaurant blanc » dans son propre État.

Jeu, set et match – 24 juillet 1996

Les tournois olympiques sont sur le point de démarrer dans ces Jeux de la 26e olympiade moderne. Chez les hommes comme chez les dames, les tableaux qualificatifs prennent forme, en double comme en simple. Inscrite dans le tournoi double féminin avec sa compatriote Andrea Temesvári, Virág Csurgó va vivre un moment très peu commun. Juste avant de lancer son premier match par équipe contre la paire chilienne Paula Cabezas et Bárbara Castro, un forfait intervient dans le tableau de simple. La Hongroise en profite pour se porter candidate au remplacement de la joueuse forfait, requête acceptée par l'instance olympique. Juste avant d'entrer sur le court pour jouer avec son amie Temesvári, Virág Csurgó sait qu'elle va pouvoir disputer le tournoi de simple. Mais son premier match face à la Polonaise Aleksandra Olsza est prévu à 16 heures. Autrement dit, son match de double ne doit pas excéder quatre-vingt-dix minutes. Seulement voilà, les Chiliennes vendent chèrement leur peau, et le duo hongrois met énormément de temps à s'en défaire pour un score de 6/4-1/6-6/3. A peine la main de son adversaire serrée, Virág Csurgó traverse alors en sprintant le Stone Mountain Tennis Center, où son adversaire et l'arbitre attendent l'heure fatidique. Elle arrive cinq minutes avant le début d'un match qu'elle gagne : 6/2-7/5 ! Elle sera battue le lendemain, par la Japonaise Kimiko Date.

Hong Kong Star – 29 juillet 1996

Le plan d'eau est parfait, le Wassaw Sound, près de Savannah, est ensoleillé en ce 29 juillet, dernière des trois journées de la compétition de planche à voile féminine. La huitième et dernière course de la session est décisive, et elle est remportée par Lee Lai Shan, qui représente Hong Kong. Après quatre deuxièmes places et une troisième au cours des sept premières manches disputées, le compte est bon pour celle qui fut championne du monde en 1993. Médaille d'or et entrée instantanée dans les livres d'histoire des Jeux olympiques comme étant la première médaillée de l'histoire de son pays, Hong Kong, après 11 participations. À quelques mois de la rétrocession de son pays à la Chine par la Grande-Bretagne, Lee Lai Shan, plus connue sous le nom de San San, savoure sa victoire avec, dans les oreilles, le *God Save the Queen*, hymne britannique. Pour la première et, jusqu'à ce jour, la dernière fois.

Un électrocuté aux Jeux ! – 30 juillet 1996

Au premier jour des épreuves de kayak par équipe et sur la distance de 100 mètres, l'équipe locale des États-Unis bénéficie du soutien du nombreux public présent sur les berges du Lake Sidney Lanier de Gainesville. Mais rapidement, la bannière étoilée ne flotte plus guère dans cette épreuve, puisque le quatuor américain n'est absolument pas dans le tempo des meilleurs que sont l'Allemagne, la Russie ou encore la Hongrie. Mais même en terminant dernier de sa qualification, et se retrouvant donc éliminé, le bateau américain est tout de même entouré de journalistes. La raison ? Cliff Meidl, l'un des quatre rameurs locaux. Accompagné de Curt Bader, Philippe Boccara et Mark Hamilton, Cliff Meidl est en effet un athlète qui aurait tout aussi bien pu concourir lors des Jeux paralympiques, puisqu'en 1986, alors qu'il avait 20 ans et travaillait dans les travaux publics, il heurta un câble à haute tension avec son marteau-piqueur. L'accident ne le tua pas, mais lui fit perdre deux orteils, une partie de l'usage de ses jambes, lui laissa de vives traces dans le dos et un handicap

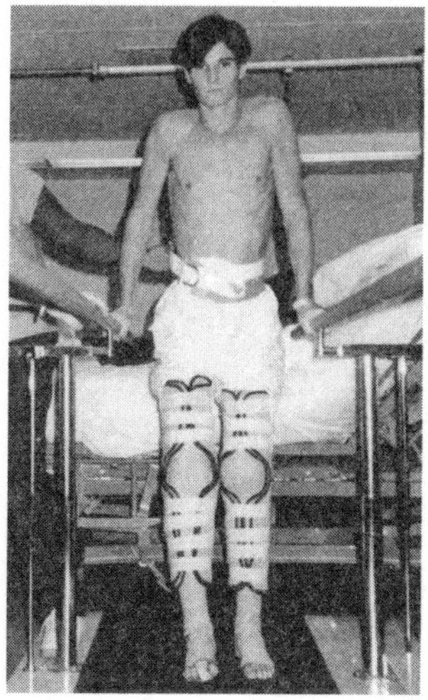

physique visible. Ancien footballeur, il fut contraint de se reconvertir dans le canoë-kayak. Un choix judicieux, puisqu'il devint athlète olympique. Son histoire fit le tour du monde, notamment en France, où Roger Zabel signa un des plus célèbres fous rires de l'histoire du petit écran en contant l'aventure de Cliff Meidl pendant l'émission *Bonjour Atlanta*. Cliff Meidl terminera sa carrière en beauté, puisqu'en 2000, à Sydney, il sera le porte-drapeau de la délégation américaine. Rien de moins.

Lutte fraternelle – 30 juillet 1996

Le *Georgia World Congress Center* accueille la catégorie des moins de 82 kilos en lutte, ce 30 juillet 1996. Vingt et un combattants sont sur la ligne de départ d'une première journée qui doit offrir, à sa conclusion, l'identité des huit meilleurs lutteurs destinés à s'affronter le lendemain, à partir des quarts de finale. Les combats s'enchaînent et arrive le second tour. L'annonce du troisième match fait sensation : Elmadi Jabrailov, représentant du Kazakhstan, est appelé à affronter Lukman Jabrailov, représentant de la Moldavie. Des homonymes se disent alors les profanes. Mais pas du tout ! En réalité, Elmadi Jabrailov, champion du monde 1989 de lutte, est tout simplement le frère de Lukman Jabrailov, champion du monde 1994. Mieux même : Lukman est l'entraîneur de son frère cadet, Elmadi. Tous les deux sont nés en Tchétchénie. Ils ont longtemps combattu pour l'ex-URSS sous le patronyme de Zhabrailov, mais ont choisi, lors de l'éclatement du bloc de l'Est, de ne pas porter le maillot de la nouvelle Russie, trouvant deux nations d'accueil : le Kazakhstan et la Moldavie. La petite histoire sportive veut que ce soit Elmadi qui a battu son aîné, Lukman, 10 points à 8, ce jour-là, sans toutefois parvenir ensuite à accrocher une médaille. Mais le symbole était ailleurs, évidemment.

Les chaussures qui courent vite – 1er août 1996

C'est l'une des images de ces 23e Jeux olympiques d'été de l'ère moderne : le coureur américain Michael Johnson qui franchit la ligne d'arrivée du 400 mètres, en tête et seul au monde, avec ces quatre chiffres qui s'affichent sur les écrans du Centennial Olympic Stadium d'Atlanta : 19,32 secondes, nouveau record du monde, pour le natif de Waco, au Texas. Le sommet pour Michael Johnson et… pour Nike, son sponsor. Aux pieds du nouveau médaillé d'or olympique et recordman du monde, une rutilante paire de chaussures dorées simplement barrées de la virgule, symbole de la marque. Ces chaussures en or sont autant un coup de communication d'ampleur planétaire qu'un « coup de pression pour moi-même », comme le confie l'athlète à peine descendu du podium : « Je ne voulais pas me retrouver là à porter des chaussures plaquées or, avec une médaille en argent autour du cou. » Instantanément, Michael Johnson devient « l'homme aux chaussures dorées » pour les 3 milliards de téléspectateurs des Jeux d'Atlanta. Mais les deux chaussures, faites sur mesure, révéleront un détail insolite : Michael Johnson n'a pas les pieds de taille égale. La chaussure gauche est d'une pointure 44 quand la droite est du 45.

Repère

Le 27 juillet 1996, un attentat frappe le parc du Centenaire d'Atlanta, en plein cœur des Jeux olympiques. Une bombe dissimulée dans un sac à dos explose. Pas moins de 110 personnes sont immédiatement blessées, deux d'entre elles décèdent sur le coup, dont une d'une crise cardiaque. Richard Jewell, agent de sécurité du parc, est le héros de cette tragédie. Sans lui, des milliers de personnes auraient pu trouver la mort. C'est lui qui a découvert le sac suspect et permis l'évacuation des lieux avant l'explosion de la bombe, dont il faudra attendre de nombreux mois avant de connaître son fabricant : Eric Rudolph, auteur de nombreux attentats qui avait prévenu de l'explosion. Richard Jewell est pourtant mis en accusation par un FBI dépassé, ce qui donnera lieu en 2019 à un film réalisé par Clint Eastwood, *Le Cas Richard Jewell,* qui met en lumière les failles importantes sur le plan de l'organisation.

2000

Sydney (Australie). Nouvelle ère aux antipodes

Du 15 septembre au 1er octobre 2000,
à Sydney, en Australie
10 651 athlètes, 199 pays,
40 disciplines pour 300 épreuves

Des attaques de requins, une torpille et un caillou dans la piscine, un futur président de la République et une actrice mondialement connue qui concourent, mais également une nageuse virée par son entraîneur de mari, ou encore la mafia qui débarque dans le tournoi de football… Les Jeux de Sydney recèlent nombre de moments cultes, pour une olympiade qui franchit le cap des 300 épreuves et réunit un nombre record de 199 pays. Un immense succès populaire en guise de clôture du millénaire. Aucun athlète ne fut plus grand que les Jeux de Sydney eux-mêmes.

Fin de l'imposture, oui mais... – 22 mai 2000

En marge de ces Jeux australiens, un procès fait grand bruit et permet de solder tout un pan de l'histoire du sport, mais aussi – et surtout – de l'histoire olympique. Ce procès, c'est celui de Manfred Ewald, ex-président du comité olympique, et Manfred Höppner, directeur du service de médecine sportive est-allemand. Si la Stasi, la police politique d'Allemagne de l'Est, a détruit des milliers de documents à la chute du bloc soviétique, les enquêteurs internationaux ont remonté des filières complètes de dopage contraint et dénombré pas moins de 10 000 athlètes concernés. Dix ans d'enquête ont été nécessaires pour percer à jour les « u. M », *unterstützende Mittel*, dénommés littéralement « plans de soutien ». Une terrible mécanique de dopage à grande échelle. Reste que le jugement du tribunal est d'une légèreté confondante. Sur les 10 000 cas d'athlètes recensés et les 2 000 cas approfondis, les juges déclarent Manfred Ewald et Manfred Höppner coupables dans 142 cas de « complicité de blessures corporelles ». Pire : les deux responsables ne sont condamnés qu'à des peines de prison avec sursis. Ménage olympique certes, mais pas à grande eau.

Un costaud, le président ! 15 septembre 2000

Dans une cérémonie d'ouverture culturellement très marquée, avec l'allumage de la vasque olympique par l'athlète aborigène Cathy Freeman, dans un esprit de réconciliation nationale, l'hémisphère sud est le grand gagnant.

Et tous ses pays contribuent à la fois à la diversité et à l'histoire d'un monde nouveau. Le défilé des délégations donne d'ailleurs lieu à des ovations pour les 14 îles du Pacifique Sud à leur passage.

Si l'Australie affiche 632 athlètes, les 13 autres nations n'en ont pas plus de sept, comme les Fidji ou Guam, et descendent jusqu'à deux ou trois, comme les Salomon et Nauru. Pour sa deuxième participation à la grande fête olympique, l'archipel de Nauru est porté par les 100 000 spectateurs du stade olympique lors de l'entrée de sa délégation, composée de l'athlète Cherico Detenamo, ainsi que des haltérophiles Sheeva Po (chez les dames) et Marcus Stephen (chez les hommes).

C'est d'ailleurs Marcus Stephen qui est le porte-drapeau. Un destin de représentation nationale qui ne le quittera plus. Pour sa troisième participation olympique, lui qui avait été contraint d'endosser le maillot samoan en 1992 à Barcelone, il savoure. S'il se classe 11e du concours d'haltérophilie en moins de 62 kilos et ne ramène pas de médaille, il devient une véritable star dans son pays. Trois ans après ces Jeux, il devient parlementaire à 34 ans, puis ministre de l'Éducation nationale. En 2007, il a seulement 38 ans quand il atteint la fonction suprême en étant élu président de la République de Nauru. Tout simplement.

Le torpilleur rescapé ! – 16 septembre 2000

Ce 16 septembre 2000, le monde découvre un génie de la natation. Âgé de seulement 17 ans, le très précoce Australien Ian Thorpe fait pourtant partie des favoris pour la victoire dans le 400 mètres nage libre. Et il assume. Auteur d'une course splendide, il affole les chronométreurs et laisse ses adversaires loin derrière pour aller cueillir la première médaille d'or de son impressionnante moisson. Dans la foulée, il assure la deuxième en relais. La légende est lancée, la « Torpille » est née. Alors qu'il n'est pas encore majeur, Ian Thorpe vit la célébrité sans réserve. Ce qui est d'ailleurs à un cheveu de lui coûter la vie. Moins d'un an après sa gloire olympique à domicile, Ian Thorpe est invité par un de ses nombreux sponsors à visiter le World Trade Center, à New York, aux États-Unis. Mais au moment d'arriver au rendez-vous, il s'aperçoit qu'il a oublié son appareil photo à son hôtel.

Impossible de ne pas immortaliser ce moment au sommet des deux plus hautes tours du monde. Ian Thorpe prévient l'épouse de son agent et fait demi-tour.

En arrivant à l'hôtel, il voit alors la télévision allumée et se fige. Stoïque, pétrifié. Le World Trade Center vient d'être frappé par deux attaques terroristes. Son appareil photo vient de lui sauver la vie. Nous sommes le 11 septembre 2001.

Les dents de la mer – 17 septembre 2000

Disputées dans la baie de Sydney, sous les toits du grand opéra, signature culturelle du pays, les épreuves nautiques sont un succès total dès leur lancement, les 16 et 17 septembre 2000.

Premiers de cordée, les triathlètes qui assistent à la première apparition de leur sport au programme officiel des épreuves se voient offrir un parcours superbe de natation dans le Pacifique, de vélo en périphérie de la ville et de course à pied dans les allées verdoyantes des parcs olympiques.

Le tout sous les encouragements de milliers de spectateurs conquis. Mais ce que ne savent pas les spectateurs et observateurs, c'est que les athlètes souffrent de l'ajout d'un dispositif pesant un kilo et fixé à leur jambe par l'organisation.

Mais cet ajout *a priori* gênant est en réalité leur gage de vie sauve. Car la société SharkSafe a été missionnée pour mettre au point et appliquer un dispositif capable de repousser, par ondes spécifiques, les attaques de requins, très nombreuses dans la Baie !

Thelma sans Louise – 21 septembre 2000

C'est jour de finale dans le Sydney International Archery Park. Le concours par équipes de tir à l'arc va connaître son dénouement avec la Corée du Sud qui domine son sujet, se parant d'or devant l'Ukraine et l'Allemagne. Derrière, la Turquie se classe quatrième et les États-Unis, déçus, ne prennent que la cinquième place. Le sélectionneur est alors rapidement mis à mal par la fédération de ce pays pour ce résultat ; le mode de sélection est aussi contesté. Parmi 300 archères, Janet Dykman, Karen Scavotto et Denise Parker sont chargées de former l'équipe des États-Unis, faisant par là même de nombreuses déçues. Parmi elles, on trouve une certaine Virginia Davis, qui, malgré un statut olympique tout tracé, manque le tournoi qualificatif et se classe seulement 24e. Sa non-sélection fait du bruit. La raison ? Il s'agit en réalité de Geena Davis, l'actrice star du film culte de Ridley Scott, *Thelma et Louise*, qui jouait le rôle-titre de Thelma, et qui avait été nommée aux Oscars en 1992, dans la catégorie meilleure actrice.

Un caillou qui fait le tour du monde – 19 septembre 2000

D'aucuns qualifient la scène d'humiliante, les autres la portent au pinacle des valeurs olympiques. Quoi qu'il en soit, ce 19 septembre 2000, le temps s'arrête au-dessus du bassin olympique australien. À 10 heures 02, heure locale, le départ de la première série qualificative du 100 mètres nage libre est donné. Trois nageurs sont sur leur plot :

Karim Bare venu du Niger, Farkhod Oripov du Tadjikistan et Éric Moussambani de Guinée équatoriale. Deux faux départs plus tard, il ne reste qu'Éric Moussambani, seul au départ. Les images font le tour du monde instantanément. Le nageur guinéen peine à faire les mouvements de natation, avance lentement, se reprend, parfois même suffoque et semble couler. Mais rapidement, il gagne surtout l'immense ovation de l'Aquatic Center, qui le porte pour finir son périple. Cent mètres à la nage couverts en une éternité : 1 minute 52 secondes 72. Dix secondes au-dessus du record du monde du… 200 mètres ! L'histoire d'Éric Moussambani éclot alors aux yeux du monde. Bénéficiant d'une dérogation toute nouvelle du Comité International Olympique visant à permettre aux pays en voie de développement ne disposant pas des équipements nécessaires à la formation des athlètes professionnels, le Guinéen de 22 ans a dû apprendre à nager en huit mois dans une piscine d'hôtel de 20 mètres de long pour préparer sa sortie olympique. Sortie réussie.

600 000 $ POUR RATER LA MÉDAILLE – 23 SEPTEMBRE 2000

Après avoir franchi les matchs de groupe avec difficulté, l'équipe de football du Cameroun doit affronter le Brésil en quart de finale de la compétition le 23 septembre, à Brisbane. Mais deux jours avant ce match, à la sortie d'un entraînement, six joueurs camerounais se retrouvant dans de sales draps. C'est Serge Branco, joueur camerounais qui raconte l'histoire au journal *Le Matin* : « Après un entraînement, un inconnu me fait signe et me tend un papier avec six numéros de maillots, dont le mien. À cette époque, on pense tous que le tournoi olympique est une grande occasion de se montrer et nous pensons que c'est un agent qui veut nous voir. » *Que nenni.* Les six joueurs camerounais se rendent à l'adresse inscrite sur le morceau de papier l'après-midi même. Et Branco, alors âgé de 20 ans, précise : « On est arrivés dans une grande pièce d'une villa luxueuse, nous avons été mis dans le noir, et quand la lumière s'est rallumée, nous étions face à trois hommes, dont un en fauteuil roulant, les deux jambes et une main coupées. Là, nous avons eu peur. » La mafia d'Asie du Sud-Est vient d'arriver dans la vie de six jeunes Africains en route pour les quarts de finale d'un tournoi olympique de football, et surtout en route pour une carrière en club. « Ils nous ont promis 600 000 dollars chacun si on perdait le match par deux buts à un contre le Brésil, explique Serge Branco, et ils nous ont donné 20 000 dollars pour le taxi retour ! ». Totalement sous l'emprise de cette richesse immédiate, les six joueurs rentrent à leur hôtel et, après de longues heures de réflexion, décident de refuser la proposition. « S'ils avaient appris qu'on avait lâché le match, on se serait fait lyncher au pays », assure Branco qui, deux jours plus tard, bat le Brésil en prolongation (1-2). Neuf jours plus tard, les Camerounais signent un des plus grands exploits de l'histoire en s'offrant la médaille d'or après avoir battu l'Espagne, en finale. « J'ai gagné six fois plus dans la foulée, avec cette médaille », conclut Serge Branco au moment de signer à Stuttgart, après les JO.

Virée par son petit ami ! – 23 septembre 2000

Ce 23 septembre 2000, à mi-parcours des Jeux de Sydney, les révélations se succèdent. Et parmi ces grands noms de la natation, la Hollandaise Inge De Bruijn étale toute sa classe dans le bassin du Sydney International Aquatic Center. Après le 100 mètres papillon et le 100 mètres nage libre, la native de Barendrecht s'offre la consécration avec la médaille d'or sur la distance reine du 50 mètres. Ajoutez-y trois records du monde en supplément, et vous obtenez une entrée au panthéon immédiate. Enfin, pourrait-on dire.

À 27 ans, Inge De Bruijn récolte enfin les fruits de ses efforts, mais aussi ceux d'une implication qui n'a pas toujours été sa qualité première. En cette année 2000, il est loin le temps où, en 1996, alors entraînée par Jacco Verhaeren, elle était tout simplement exclue de l'équipe de natation des Pays-Bas. Avec un détail d'importance : Jacco Verhaeren n'était autre, à l'époque, que le petit ami d'Inge De Bruijn ; il n'avait pourtant pas hésité une seule seconde à la priver des Jeux olympiques d'Atlanta.

Repère

Le 1er octobre, au soir de la cérémonie de clôture des Jeux de Sydney, les organisateurs sont aux anges. Le salut olympique est mondial quant à l'organisation. Mais du côté du comité olympique australien, l'énigme d'un vol est encore loin d'être résolue. Depuis le premier jour des épreuves, la combinaison blanc argenté, portée par l'athlète Cathy Freeman lors du symbolique allumage de la vasque, a tout simplement disparu. L'affaire mettra quatorze ans à trouver son épilogue. Peu avant Noël 2014, ladite combinaison est reçue par la police de Melbourne, dans un colis envoyé depuis le Cricket Melbourne Club par un mystérieux expéditeur. « C'est un pan important de l'histoire olympique du pays », a déclaré le comité olympique australien, soulagé.

2004

Athènes (Grèce). Retour vers le futur

Du 13 au 29 août 2004, à Athènes, en Grèce
10 625 athlètes, 201 pays,
40 disciplines pour 301 épreuves

Des stars locales qui simulent un accident pour éviter un contrôle antidopage, une facture astronomique qui plombe tout un pays, mais aussi des richesses qui jaillissent du sol et une marque qui se frotte les mains ; ce retour des Jeux olympiques dans leur berceau de naissance est certes un succès populaire, avec l'intégralité des nations affiliées à l'olympisme présentes (201), mais aussi un reflet des affres économiques du début des années 2000.

Trouvailles inattendues – 12 août 2004

À la veille de la cérémonie d'ouverture de ces Jeux de la 28e olympiade de l'ère moderne qui marquent le retour des épreuves dans le berceau de naissance, mais aussi de renaissance, c'est l'effervescence dans Athènes, capitale totalement rénovée pour l'occasion. Avec un coût global de 1,2 milliard d'euros, l'organisation a voulu frapper fort, et les installations sont neuves pour la plupart, dont les infrastructures de transport. Avant les Jeux de 2004, la ville d'Athènes n'était desservie que par une seule ligne de métro qui ralliait alors le port du Pirée, pointe sud de la ville, à Kifissia, au nord.

Améliorer cette desserte est impératif, et les organisateurs du rassemblement olympique décident de mettre les petits plats dans les grands en offrant une circulation dernière génération. Les plans sont lancés, les entreprises commandées, mais aux premiers coups de pioche, les problèmes surgissent. Un premier site archéologique est mis au jour. Le chantier est arrêté pour étudier les trouvailles.

C'est le début d'un long chemin de croix pour les entrepreneurs qui, sur les dizaines de kilomètres de lignes nouvelles à creuser, mettent la main sur pas moins de 50 000 objets antiques au total. Les retards sont tels que les lignes ne sont mises en fonction que quelques jours avant la cérémonie d'ouverture. L'ensemble des objets sont encore aujourd'hui, exposés au long des six stations de métro où ils ont été découverts.

Faux accident, vraie désillusion – 12 août 2004

À la veille de l'ouverture des Jeux olympiques d'Athènes, la Grèce attend ses deux dieux de l'athlétisme : Kostas Kenteris et Ekaterini Thanou. Les deux sprinters médaillés à Sydney doivent illuminer la piste du stade Spyrídon Loúis et faire la fierté du pays hôte.

Mais en ce 12 août, la nouvelle fait l'effet d'une bombe : les deux stars ont été victimes d'un accident de moto et sont à l'hôpital. Kostas Kenteris a une contusion à la tête, Ekaterini Thanou souffre d'un problème à l'abdomen et aux adducteurs. Abattus, les Grecs voient leurs chances de médailles dorées s'envoler. Mais dès le soir venu, les nouvelles sont plus rassurantes. Kenteris et Thanou sont sortis de soins et leur état ne remet en aucun cas en cause leur participation aux épreuves de sprint prévues du 21 au 25 août. Le soulagement est néanmoins de très courte durée. Car dans le cadre de la lutte antidopage, qui est prévue dans ces 25e Jeux olympiques de l'histoire moderne, il apparaît très rapidement que cet « accident » subi par les deux Grecs les a empêchés de se rendre à… un contrôle antidopage.

Et ce pour la troisième fois en quelques semaines ! Le hasard qui devait si bien faire les choses pour Kostas Kenteris et Ekaterini Thanou se transforme alors en une tempête. Le matin même de la cérémonie d'ouverture, le CIO (Comité International Olympique) exclut les deux coupables.

Dans la foulée, la Fédération internationale d'athlétisme (IAAF) y va de sa suspension, elle aussi. Le faux accident n'est pas passé, la fête olympique se fera sans Kostas Kenteris et Ekaterini Thanou. La justice prononcera plus tard une peine de trente et un mois de prison à leur encontre pour mensonge. Pas moins de 33 athlètes seront contrôlés positifs durant ces Jeux. Un record.

L'Espagne jugée coupable – 20 août 2004

L'affaire avait fait le tour du monde en 2000, lors des Jeux olympiques de Sydney. À l'occasion du tournoi paralympique de basketball, l'équipe d'Espagne avait remporté la médaille d'or dans la catégorie des déficients intellectuels en dominant largement tous ses adversaires. Une domination qui avait éveillé les soupçons et conduit le comité paralympique d'Espagne à mener une enquête et à percer une énorme supercherie : 10 des 12 joueurs espagnols envoyés aux Jeux olympiques et paralympiques en Australie n'avaient aucun handicap mental. Fernando Martin Vicente, président de la Fédération espagnole des sports pour les handicapés intellectuels (FEDDI), est dans l'œil du cyclone et rapidement mis en examen, comme 18 autres personnes de son entourage. Le président est le seul à être condamné treize ans après les faits, en 2013, à 5 400 euros d'amende et au remboursement des 150 000 euros d'aides de l'État espagnol, qui avaient permis d'envoyer cette frauduleuse équipe de basket aux JO de 2000. Un scandale inacceptable aux yeux du Comité International Olympique qui, juste avant les JO d'Athènes 2004, décide de trancher dans le vif : les épreuves pour déficients mentaux sont supprimées du programme, les critères de déficience étant trop compliqués à déterminer.

Les mystères de l'amour – 22 août 2004

Champion du monde en 2002, l'Américain Matthew Emmons est un des grands favoris des épreuves de tir à la carabine dans ces Jeux olympiques d'Athènes. Mais son début de campagne est plus que timide, avec une petite neuvième place au tir à 10 mètres, le 16 août. Quatre jours plus tard, c'est le soulagement. Après avoir vu son arme fétiche sabotée quelques semaines avant les Jeux, aux États-Unis, son ami et partenaire d'entraînement, Amber Darland, lui avait prêté la sienne pour un couronnement à 50 mètres sur trois positions et une médaille d'or pour l'histoire. Et en ce 22 août, l'affaire semble se poursuivre. Matthew Emmons est absolument intouchable dans l'épreuve du 50 mètres position couchée. L'Olympiako Kentro Skopovolis Markopoulou s'apprête à célébrer celui qui doit devenir le nouveau double champion olympique. Mais lors du dernier tir, et de manière totalement incompréhensible, l'Américain tire… sur la cible de son voisin ! La chute est terrible, puisque de premier, Emmons passe huitième et dernier de cette finale, laissant l'or au Chinois Jia Zhanbo, sous les yeux de juges et de supporters totalement incrédules. Émue, la tireuse tchèque Kateřina Kůrková est la première à venir soutenir l'infortuné tireur, qui n'aura finalement pas tout perdu ce jour-là. Elle lui offre un porte-clés en forme de trèfle à quatre feuilles, la conversation s'engage. Malgré l'énorme désillusion sportive, Matthew Emmons trouve mieux : l'amour. Mlle Kůrková deviendra Mme Emmons en 2007.

Jackpot pour Adolf – 29 août 2004

Si ces Jeux olympiques d'Athènes 2004 sont alors les plus coûteux de l'histoire, avec 1,962 milliard d'euros affectés aux comptes de l'ATHOC, le comité d'organisation grec, c'est surtout le budget global d'investissement du pays qui fait bondir : 6 milliards d'euros. Rien de moins. Au cœur de ces Jeux, les sponsors ne dérogent pas à la règle, et Adidas compte bien investir massivement dans ces épreuves. Toujours plombée depuis 1992 par son choix d'avoir laissé filer le légendaire basketteur Michael Jordan chez Nike, la firme allemande met le paquet sur les JO du retour en Grèce. La mise de base est énorme, puisque la marque aux trois bandes sponsorise des milliers d'athlètes présents à Athènes. Mais le résultat est à la hauteur des espérances pour les descendants d'Adolf « Adi » Dassler, le créateur de la marque. Près de 600 médaillés sur les 903 de ces Jeux olympiques de 2004 arborent la marque aux trois bandes. Jackpot !

Repère

En guise d'hommage aux premiers Jeux de l'ère moderne disputés en 1896 à Athènes, l'organisation décide de remonter le temps lors des concours de lancer du poids, homme et femme. Les arbitres et juges de l'épreuve sont habillés en tenues 1900, les mesures sont faites uniquement de manière mécanique avec un mètre à ruban. Telles étaient-elles faites lors de la renaissance des Jeux olympiques d'été. La Russe Irina Korzhanenko et l'Ukrainien Youri Belonog sont médaillés d'or. Pour peu de temps ; ils seront disqualifiés tous les deux peu après, pour contrôle antidopage positif.

2008

Pékin (Chine). Nid d'Oiseau et gros muscles

Du 8 au 24 août 2008, à Pékin, en Chine
11 028 athlètes, 204 pays,
42 disciplines pour 302 épreuves

La fabuleuse histoire de Cao la centenaire, un coup de pied qui fait le tour du monde ou encore quatre chiffres qui poursuivent un athlète chinois ; autant de moments qui ont fait des Jeux olympiques de Pékin des Jeux pour l'histoire, en plus évidemment des performances sportives d'Usain Bolt, le légendaire sprinter jamaïcain héros de cette édition. Ces Jeux de la 29e olympiade, pour la première fois organisés en Chine, resteront également comme étant les plus chers jamais bâtis. La facture est, à elle seule, insolite : 44 milliards de dollars.

L'amour n'a pas d'âge – 8 août 2008

La flamme olympique. Un rêve pour tous les sportifs, un honneur inégalé pour tous ceux qui la portent, une consécration pour celui ou celle qui allume la vasque, à chaque olympiade. À Pékin, cette flamme a pris une dimension encore nouvelle. Pour célébrer son premier accueil des Jeux olympiques, la Chine a décidé de raconter son histoire dans un immense parcours de la flamme olympique partout dans le pays, avec un total de 22 000 relayeurs de la torche, jusqu'à ce soir du 8 août 2008, pour enflammer la vasque dans le stade pékinois du Nid d'Oiseau. Ce relais fou, chaque Chinois veut y contribuer, à l'image de Mme Cao Zuozheng. Habitante du district de Dongcheng, Cao est passionnée par cette flamme olympique depuis 2004, où elle avait attendu son premier passage symbolique en Chine, au bord de la route, juste pour le plaisir de saluer le symbole olympique, où elle fut photographiée avec un des porteurs. Sa seule envie ? Participer cette fois, en 2008, au moment du relais final. Quotidiennement Cao Zuozheng s'exerce chez elle physiquement, en faisant notamment des mouvements de bras. Au moment où s'ouvrent les inscriptions, la dame est immédiatement enregistrée dans les candidats, et déclare au *China Daily* : « Je suis en bonne santé, je peux aller partout où les organisateurs le voudront, et je n'ai pas de difficultés pour tenir la torche olympique. » La grande aventure est lancée pour Cao, qui redouble d'efforts. Mais quelques mois avant ce 8 août, ses enfants reçoivent un courrier du district de Dongcheng, qui leur annonce que la candidature de leur mère n'a pu être validée pour raison de santé. Toutefois, des billets étaient retenus pour qu'elle puisse assister aux épreuves d'athlétisme, dans les tribunes du stade olympique du Nid d'Oiseau. Une consécration pour Cao Zuozheng, qui se fit confectionner une robe de soie bleue pour l'occasion et qui voit briller sa flamme adorée devant ses yeux. Petit détail : en 2008, Mme Cao Zuozheng était âgée de 103 ans !

Le rêve américain par procuration – 15 août 2008

98 participants de 35 pays, le concours général, reine des épreuves de gymnastique aux Jeux olympiques, affiche complet ce 15 août, pour la dernière journée de rotations. Le Guojia Tiyuguan de Pékin est en ébullition, car la finale s'annonce dantesque entre la Chine, la Roumanie, la Russie et les États-Unis, qui présentent deux athlètes en mesure de remporter des médailles. Le concours est sublime, et c'est à l'Américaine Nastia Liukin, une des favorites, que revient l'honneur de monter sur la plus haute marche du podium, devant sa compatriote Shawn Johnson. Nastia Liukin devient même une des héroïnes de ces Jeux, puisque après ce titre suprême, elle enchaîne avec quatre autres médailles – trois d'argent et une de bronze – et accède sans attendre au panthéon olympique.

Une campagne qui permet à la jeune fille d'accéder à la célébrité et à ses parents d'enfin toucher leur Graal. Car Nastia Liukin se nomme en réalité Anastasia Valeryevna Liukin, et n'est autre que la fille des gymnastes Valeri Liukin et Anna Kotchneva, qui avaient œuvré pour l'URSS à la fin des années 1980, lors des Jeux olympiques de Séoul et des différents championnats du monde, sans toutefois jamais parvenir au titre olympique.

Au moment de la chute du bloc de l'Est, le couple a été contraint de fuir à l'ouest, avec dans les bras la jeune Anastasia, née une semaine avant la chute du mur de Berlin. Obligés de mettre fin à leur carrière, Valeri et Anna Liukin ont suivi leur jeune progéniture sous le maillot américain, pays dans lequel ils avaient trouvé refuge. Vingt ans après, le rêve s'est donc concrétisé pour les deux fuyards du communisme. À l'américaine !

Le roi maudit – 18 août 2008

18 août 2008, 11 heures 50. Stade olympique du Nid d'Oiseau à Pékin. Pour les séries du 110 mètres haies, les favoris ne se font guère de frayeurs. Les courses passent et tous sont au rendez-vous après cet échauffement pour les stars mondiales.

Prise de marque avec la piste, prise de pouls de la forme des adversaires, chacun y va de son analyse. Pour le départ de la sixième série, le stade olympique gronde de plaisir. Le héros de tout le peuple chinois est au départ : Liu Xiang. Champion olympique quatre ans plus tôt à Athènes, le natif de Shanghai se présente dans les starting-blocks, mais au moment du coup de pistolet de départ, l'image est violente. Le faux départ du Hollandais Marcel van der

Westen ne sert qu'à révéler la vérité : la star est blessée au tendon d'Achille et ne peut concourir. La déception est immense dans tout le pays au moment où Lui Xiang quitte la piste, emportant avec lui son dossard 1356. Le forfait de Xiang est mondialement commenté. Quatre ans plus tard, à Londres, il se blesse de nouveau au tendon d'Achille en heurtant une haie et échoue. Terrible hasard, il portait à nouveau le numéro 1356. Vous avez dit maudit ?

La (très) grosse motivation – 21 août 2008

À quelques jours de la fin des Jeux olympiques, le Zhongguo Nongye Daxue de Pékin frémit au moment d'assister, dans la dernière journée des épreuves de lutte, à la finale des moins de 84 kilos chez les hommes. Cette finale oppose le Géorgien Revaz Mindorashvili au Tadjik Yusup Abdusalomov.

Et si le grand public, hors de ces deux pays, n'est pas nécessairement concerné par cette médaille d'or à venir, le match va cependant devenir « viral » pour toutes les télévisions du monde.

La raison ? Le message du président de la Géorgie, Mikhaïl Saakachvili, prononcé aux 35 athlètes du pays juste avant le début des Jeux olympiques de Pékin 2008, qui reste bien ancré dans la tête de Revaz Mindorashvili. Il s'impose au terme d'un combat superbe et devient champion olympique, rejoignant ses compatriotes Manuchar Kvirkvelia, titré en lutte également, et le judoka Irakli Tsirekidze ; ces deux derniers ont été parés d'or le 13 août. Trois Géorgiens titrés : de quoi défrayer la chronique, puisque ledit président de la République avait promis la bagatelle de 472 000 euros à tout athlète du pays qui serait sacré. De quoi décupler la motivation et se dépêcher, une fois rentré au pays, de passer à la caisse.

Ángel, le démon – 22 août 2008

À la veille de la clôture de ces 26e Jeux olympiques d'été de l'ère moderne, et alors que la Chine se dirige vers un sacre mondial dans ses propres JO, c'est un Cubain qui va faire le tour du monde en quelques minutes. Mais pas de la manière dont il aurait voulu.

La petite finale pour la médaille de bronze de l'épreuve de taekwondo, combat opposant Ángel Valodia Matos (Cuba) à Arman Chilmanov (Kazakhstan), entre dans l'histoire. Alors que Chakir Chelbat, l'arbitre du duel, vient de donner match gagné, et donc médaille en poche à Chilmanov, pour avoir jugé Ángel Valodia Matos trop lent à soigner une blessure au pied, la confusion s'empare de la salle. Immédiatement, Leudis Gonzales, l'entraîneur cubain, monte sur le tatami pour contester la décision. Brimade verbale, bousculade, puis l'irréparable : devant le bras levé de Chakir Chelbat l'arbitre suédois, synonyme de victoire officielle, Ángel Valodia Matos perd la tête et expédie un coup de pied en plein dans la face du référé, avant de menacer un autre référé venu au secours de son collègue blessé. Sortis du tatami, ni Ángel Valodia Matos ni son entraîneur n'expriment la moindre excuse.

Au contraire, Leudis Gonzales continue, en accusant l'arbitre de s'être fait corrompre par les Kazakhstanais ! La Fédération internationale de taekwondo et le Comité International Olympique ne goûtent que très peu l'affaire. Dans les heures qui suivent, la sanction tombe : suspension à vie pour le combattant et son entraîneur. Irrévocable. Fermez le ban.

Repère

Usain Bolt a été le héros des Jeux olympiques de Pékin grâce… aux nuggets ! Le sprinter jamaïcain a eu droit à un régime de nourriture très particulier. Réfugié dans le McDonald's le plus proche du village olympique, à Pékin, le triple champion olympique d'athlétisme raconte dans son autobiographie : « Le premier jour, j'ai mangé une boîte de 20 nuggets pour le déjeuner, puis une autre pour le dîner. Le lendemain, je suis passé à deux boîtes pour le petit-déjeuner, toujours une pour le déjeuner et deux autres dans la soirée. » Soit un total dépassant les 1 000 nuggets pour à peine deux semaines sur place.

2012

Londres (Angleterre). Masterclass à l'anglaise

Du 27 juillet au 12 août 2012,
à Londres, en Grande-Bretagne
10 358 athlètes, 204 pays,
40 disciplines pour 302 épreuves

Sous les yeux de la reine Elizabeth II, qui avait déjà connu ceux de 1948 sur ses terres, la Grande-Bretagne et Londres organisent des Jeux olympiques de toute beauté. Les exploits y sont nombreux sur la piste, mais aussi dans les coulisses. Mr Bean qui fait le show, des athlètes habillés frauduleusement, une ville et un curé qui fabriquent des champions ou encore un chien proche de briser le rêve olympique de sa maîtresse ; Londres 2012 vaut le détour.

Repère : habitué des tours de force et d'user de son influence pour transmettre des messages aux différents chefs d'État dans le monde, le Comité International Olympique réussit en cette année 2012, pour ses Jeux de la 30e olympiade, à faire un pas immense dans l'égalité entre femmes et hommes. Pour la première fois de l'histoire, chacune des 204 nations présente une délégation avec des hommes et des femmes. Jusqu'alors, le Qatar, Bahreïn et l'Arabie saoudite avaient toujours refusé d'ouvrir la sélection aux femmes.

Un petit cachet pour Mr Bean ! – 27 juillet 2012

Après soixante-quatre ans, la capitale de Grande-Bretagne reçoit à nouveau les Jeux olympiques. Ce 27 juillet 2012, la British Broadcasting Company (BBC), chaîne de médias anglaise, diffuse la cérémonie d'ouverture à plus d'un milliard de téléspectateurs sur la planète, très loin des 60 000 foyers et 500 000 Britanniques que la chaîne avait réussi à toucher en 1948, ce qui représentait déjà un dispositif exceptionnel. Au centre de cette cérémonie, Danny Boyle, le réalisateur, a compilé une pléiade de stars. Des acteurs comme Rowan Atkinson, le fameux Mr Bean, ou chanteurs, comme les Beatles, les Sex Pistols, les Who, David Bowie ou encore le rappeur Dizzee Rascal, ont participé au show. Leur point commun ? Le cachet qu'ils ont accepté de toucher pour en être : 1 livre, soit 1 euro et 28 centimes. Difficile de faire plus symbolique.

Le cauchemar sur pattes – 29 juillet 2012

Au deuxième jour des Jeux de la 30e olympiade de l'ère moderne, les tireuses et tireurs sont à l'honneur aux Royal Artillery Barracks de Woolwich pour les épreuves de ball-trap, le skeet olympique. Chez les dames, c'est une Américaine, Kimberly Susan Rhode, qui est la grande favorite. À 33 ans, le palmarès de Kim Rhode est éloquent : double championne olympique (1996 et 2004), vice-championne olympique (2008) et médaille de bronze en 2000. Quatre olympiades couronnées de succès, mais à Londres, c'est au panthéon olympique que la Californienne peut entrer avec un potentiel troisième titre olympique. L'affaire s'engage parfaitement avec un tir de qualification quasi parfait de 74/75 qui, cumulé à un score parfait dans la dernière manche, permet à Kim Rhode de se parer d'or, encore, et d'aligner une cinquième médaille en cinq Jeux olympiques disputés. Mais à l'heure de réagir à ce nouveau sacre, c'est à son chien que Kim Rhode pense en premier, un animal prénommé Norman, âgé de quatre mois seulement. Car à quelques heures du départ pour Londres quelques jours auparavant, Norman n'avait rien trouvé de mieux que de manger… le billet d'avion de sa maîtresse. L'athlète et sa fédération nationale avaient dû remuer ciel et terre pour obtenir un nouveau billet de la part de la compagnie aérienne, tandis que le chiot Norman a gagné un surnom : « le cauchemar sur pattes ».

Le prix de l'or – 29 juillet 2012

Sur le podium de l'épreuve du plongeon synchronisé féminin en ce 29 juillet 2012, la joie se lit sur les traits de He Zi et Wu Minxia, médaillées d'or. Leur concours a été un long fleuve tranquille. Les deux Chinoises ont fait parler leur supériorité dans une discipline qui nécessite un travail immense pour allier précision, agilité, et surtout coordination dans les mouvements. Ce travail, ni He Zi ni Wu Minxia ne le mentionnent. Jamais. En Chine, travailler énormément et dans des conditions plus que spartiates est une culture pour les sportifs qui portent le maillot rouge. Mais tout cela reste au mieux opaque, au pire totalement tu. Cependant, si Wu Minxia n'a pas parlé, ses parents, eux, se sont confiés au *Daily Mail* à la veille de cette médaille : « Nous avons accepté depuis longtemps l'idée qu'elle ne nous appartenait plus vraiment », a dit sa mère avant de préciser qu'avec son mari, ils n'avaient pas eu droit de voir leur fille pendant un an. « Cela aurait perturbé sa préparation », selon les entraîneurs chinois…

Sans contrefaçon… – 31 juillet 2012

À l'heure de célébrer la première médaille, en argent, glanée par l'Égypte dans ces Jeux de la 30e olympiade et obtenue par l'escrimeur Alaaeldin Abouelkassem, l'ambiance n'est pas au beau fixe entre la sélection des Sphynx et leur équipementier, Nike. La raison ? Une sombre affaire qui a éclaté à quelques heures de la cérémonie d'ouverture des Jeux londoniens. Mahmoud Ali, président du comité national olympique d'Égypte, a, comme il l'indique, passé commande pour vêtir sa délégation auprès d'un représentant du sponsor Nike. Mais très vite, l'affaire devient incontrôlable. Vêtements mal siglés, fragiles, tout laisse penser à une arnaque. Youmna Khallaf, membre de l'équipe de natation synchronisée, y va même d'un tweet amer : « Les sacs ont un grand logo Nike sur le devant, mais les fermetures éclair sont Adidas. » La contrefaçon est totale ! Tous les équipements livrés sont des faux, et Nike contre-attaque auprès du *Daily Telegraph* en assurant que l'entreprise fait le nécessaire pour lutter contre les produits contrefaits et qu'elle avait prévenu le comité national olympique d'Égypte. Mais cela ne suffit pas, puisqu'à l'image de Alaaeldin Abouelkassem, les 75 hommes et 39 femmes présents sous le drapeau égyptien à Londres sont finalement tous équipés de vêtements contrefaits !

La ville des champions – 3 août 2012

Au beau milieu de ces 27e Jeux olympiques d'été de l'histoire moderne, ce 3 août 2012, les courses de fond et demi fond offrent une nouvelle fois la part belle aux pays africains. Telle une tradition, Kenya et Éthiopie se font face et se partagent les podiums avec facilité. Mais à l'arrivée du 10 000 mètres féminin, c'est plus qu'un pays qui est mis à l'honneur. Tirunesh Dibaba, championne olympique du 5 000 et du 10 000 mètres en 2008, à Pékin, remet le couvert à Londres avec un titre de championne olympique du 10 000 mètres sur la piste britannique. Et l'Éthiopienne perpétue ainsi la folle histoire de sa ville de naissance : Bekoji. Petite ville de moins de 20 000 habitants à 2 800 mètres d'altitude, sur les plateaux Oromo en Éthiopie, Bekoji a la singularité d'avoir vu naître et grandir les plus grands coureurs de fond de l'histoire. Parmi eux, en plus de Tirunesh Dibaba, Derartu Tulu, championne olympique du 10 000 mètres en 1992 et 2000, Kenenisa Bekele, triple champion olympique sur 5 000 et 10 000 mètres en 2004 et 2008. Une renommée qui est expliquée par le documentaire *Town of Runners* (« la ville des coureurs »), sorti juste avant les Jeux olympiques de Londres.

Malédiction brisée in extremis ! – 6 août 2012

Souvenez-vous, en 2004, à Athènes, de l'histoire de ce tireur américain déçu qui, consolé par une tireuse tchèque, en fera finalement sa femme. Cette histoire n'est en réalité qu'une partie de la légende de Matthew Emmons. En ce 6 août 2012, le natif de Mount Holly, dans le New Jersey, participe à ses troisièmes Jeux olympiques en tir à la carabine. S'il a déjà été médaillé par le passé en tir couché, l'épreuve reine des trois positions lui échappe toujours, à cause d'événements incroyables, alors qu'il est communément admis qu'il est le meilleur tireur au monde dans cette discipline. En 2004 à Athènes, il est largement en tête de la finale et vole vers l'or, quand, à la dernière salve, il se trompe de cible et tire sur celle de son voisin. Il chute de la première à la huitième place. En 2008, à Pékin, il est là encore largement en tête de la finale ; lors de la neuvième des 10 manches, alors qu'il ne doit accomplir qu'un score minimal pour officialiser sa médaille, il appuie accidentellement sur la gâchette de son arme et manque totalement son tir. Voilà Emmons éjecté du podium, quatrième. En 2012, à Londres, l'Américain a juré qu'on ne l'y reprendrait plus. Mais pour la troisième fois d'affilée, il est en tête après neuf salves et, de manière incompréhensible, il manque encore son dernier tir. Cette fois, sa chute est moins prononcée et il attrape *in extremis* la troisième marche du podium et la médaille de bronze. Un moindre mal.

Rudisha et le prêtre irlandais – 9 août 2012

L'exploit est fabuleux ce 9 août 2012, sur la piste du stade olympique de Londres. Le 800 mètres hommes réserve une des plus belles courses de l'olympiade, et c'est le Kényan David Rudisha qui, en ayant mené de bout en bout, s'impose et s'empare de la médaille d'or. Une consécration pour le natif de Kilgoris qui, à 24 ans, entre dans la légende de l'athlétisme avec, en prime, un exceptionnel record du monde en 1 minute 40 secondes 91.

Et ce n'est pas à Dieu qu'il dédie sa victoire mais… à un curé ! Car sans le frère Colm O'Connell, missionnaire irlandais installé au Kenya depuis 1976, David Rudisha ne serait jamais venu à l'athlétisme, et surtout, il n'aurait jamais bénéficié d'une aide essentielle, à 16 ans, de celui qui entraînait les élèves de l'école Saint-Patrick de Iten. L'exploit de son poulain, Colm O'Connell le suit à la télévision, loin de l'agitation londonienne. Et quand on lui parle de Peter Rono, Wilson Kipketer et David Rudisha, trois des athlètes les plus prestigieux passés entre ses mains, l'Irlandais botte en touche : « Je ne connaissais rien à l'entraînement quand j'ai commencé, mais j'ai appris en regardant les athlètes ». Modeste.

2016

Rio (Brésil).
Le Brésil
ouvre la voie...

Du 5 au 21 août 2016,
à Rio de Janeiro, au Brésil
11 362 athlètes, 206 pays,
43 disciplines pour 306 épreuves

De terribles histoires de réfugiés, un président de la République qui signe d'énormes chèques, mais aussi une équipe qui veut voyager sans billets et près d'un demi-million de préservatifs offerts, les Jeux olympiques de la 31e olympiade de l'histoire moderne sont à l'image du pays hôte, le Brésil : chatoyants, décalés, et parfois même totalement fous. Au point de voir une piscine changer de couleur et une délégation fuir le village olympique pour... loger dans un bateau ! Deux ans après avoir reçu la Coupe du monde de football pour la seconde fois de son histoire, le Brésil accueille les Jeux olympiques et devient le premier pays du continent sud-américain à relever le défi des anneaux.

L'incroyable envol des Aigles – 4 août 2016

Cette journée du 4 août 2016 restera dans les annales du sport olympique et mondial. Non pas par son contenu sportif, puisque les Jeux olympiques de Rio n'ouvrent que le lendemain, mais plutôt par l'histoire folle vécue par l'équipe nationale de football masculine du Nigéria. Partis depuis la veille, le 3 août, de leur pays, les Super Eagles doivent faire escale à Atlanta, aux États-Unis, avant de rallier le Brésil. Et c'est justement dans la capitale de l'État de Géorgie que l'affaire dérape totalement. La délégation africaine doit changer d'avion, mais elle juge ce dernier top petit. Le bras de fer s'engage avec la compagnie aérienne, qui veut bien lui attribuer un autre vol, mais à condition que le ministère des Sports du Nigéria règle dans l'instant les suppléments. À moins de vingt-quatre heures de leur premier match des Jeux olympiques de Rio face au Japon, les footballeurs nigérians sont bloqués aux États-Unis. Au bout de la nuit, le ministre nigérian finit par céder et règle les billets. Direction Manaus, où, à peine descendus de l'avion, les Aigles sont conduits au stade pour signer un des plus beaux matchs de la compétition en battant le Japon cinq buts à quatre. Deux semaines plus tard, ils reviendront au pays avec une médaille de bronze autour du cou. Ça valait le coup !

De toutes ses forces – 6 août 2016

C'est aux Jeux olympiques de Rio que, pour la première fois, le Comité International Olympique a décidé de présenter une délégation en son nom : la délégation des athlètes réfugiés. Ainsi, sur les listes officielles des

11 362 athlètes engagés dans ces 28e Jeux de l'histoire moderne, on trouve 10 réfugiés : cinq Soudanais en athlétisme, un Éthiopien au marathon, deux Congolais en judo et deux Syriens en natation. En ce 6 août, c'est justement au bord du bassin de natation de l'Estádio Aquático Olímpico que tous les regards sont tournés. Il est 11 heures 38, et la première série du 100 mètres papillon féminin s'élance. Après 1 minute 09 secondes 21 d'effort, c'est la Syrienne Yusra Mardini qui l'emporte. La piscine salue ce succès avec une formidable ferveur. Car en réalité, l'histoire de Yusra est apparue quelques heures avant dans la presse et fait froid dans le dos. En exil avec sa sœur pour fuir les combats en Syrie, Yusra Mardini passe par le Liban et la Turquie avant d'embarquer sur un bateau de fortune en mer Méditerranée. Direction Lesbos, première terre grecque synonyme d'arrivée en Europe. Mais le bateau tombe en panne en pleine nuit.

Avec sa sœur et une troisième jeune fille, seules personnes à bord à savoir nager sur les 18 passagers clandestins, Yusra Mardini tire le bateau jusqu'au rivage pendant près de trois heures. C'est en Allemagne qu'elle trouve refuge avant que son histoire soit reconnue par cette sélection olympique. Quelques mois après ces JO de Rio, elle est nommée ambassadrice de l'UNESCO.

Ô, mon bateau ! – 6 août 2016

Dans la flotte de yachts et autres bateaux de croisière amarrés dans la zone portuaire de Rio de Janeiro pendant ces Jeux olympiques de la 31e olympiade, un fait particulièrement parler. Son nom : le *Silver Cloud.* Ses 157 mètres de long et ses 22 mètres de haut se repèrent, tout comme sa capacité de 196 cabines et de nombreuses installations haut de gamme.

Mais ce qui est remarqué, ce sont surtout les 250 policiers et militaires qui surveillent le navire vingt-quatre heures sur vingt-quatre depuis son arrivée dans les eaux brésiliennes, ainsi que les deux embarcations de la police fédérale lourdement armées qui tournent autour. Le pot aux roses est découvert rapidement, car ce 6 août, en milieu d'après-midi, les observateurs voient la délégation américaine de basket quitter le navire pour aller disputer le premier match de son tournoi olympique face à la Chine. Pas question de loger dans les 3 904 appartements du village olympique pour les meilleurs basketteurs du monde. Le *Silver Cloud* (« nuage d'argent ») a tout simplement été privatisé pour loger les deux équipes hommes et femmes de la Team USA. Mais c'est bien de l'or que ramèneront les deux *Dream Team.*

Invasion de petits hommes verts ? – 9 août 2016

La découverte est terrible pour les organisateurs des épreuves de natation au matin du mardi 9 août 2016. La piscine olympique réservée aux plongeons est au cœur de toutes les inquiétudes. En une nuit, elle est devenue totalement impraticable. La raison ? L'eau est devenue toute verte. Et personne ne sait pourquoi ni si cette coloration est dangereuse ; surtout, personne ne sait ce qu'il est en train de se passer à l'Estádio Aquático Olímpico de Rio. La Fédération internationale de natation et le Comité International Olympique missionnent leurs meilleurs experts pour lever le voile sur cette fameuse nuit du 8 au 9 août et sur cette invasion verdâtre. Les analyses rendent leur verdict. Implacable. En manque de produits chimiques, les réservoirs d'eau de la piscine de plongeon ont, sous l'effet de la chaleur et sans aération, laissé proliférer des algues, qui ont immédiatement verdi le bassin.

Sans jamais remettre en cause la tenue des épreuves de plongeon, les organisateurs se décideront toutefois, quatre jours plus tard, à vider totalement la piscine de son eau verte et à la remplacer par de l'eau claire, sous le prétexte que la natation synchronisée nécessitait de voir les nageurs sous l'eau.

Mariages gais – 14 août 2016

C'était déjà arrivé par le passé, mais jamais deux fois dans la même olympiade, et surtout jamais en public. Ce n'est pas une, mais deux demandes en mariage qui ont été faites à Rio, en moins d'une semaine et deux fois sous les feux des projecteurs olympiques. Le 8 août tout d'abord, c'est Marjorie Enya, une employée du stade Deodoro de 28 ans, qui a demandé sa compagne Isadora Cerullo, rugbywoman brésilienne de 25 ans, en mariage, juste après le match entre le Brésil et le Japon. Faute de bague, Marjorie Enya avait enroulé son tour de cou autour du doigt d'Isadora. Six jours plus tard, c'est cette fois sur le podium que la Chinoise He Zi, spécialiste du plongeon, a reçu, en plus de sa médaille d'argent, une demande à genoux de la part de Qin Kai, son compagnon depuis six ans, qui, lui, avait bien la bague à présenter. Le résultat fut le même pour les deux demandeurs : un grand « oui » !

Couverts d'or – 21 août 2016

En France, les médailles glanées lors des Jeux olympiques sont traditionnellement assorties d'un joli chèque offert par l'État, aux alentours de 45 000 à

50 000 euros. Aux États-Unis, les récompenses sont de 22 000 euros pour une breloque dorée. En revanche, en Angleterre, les athlètes médaillés ne touchent pas le moindre centime. Des primes qui n'ont cependant rien à voir avec celles accordées par certains pays. En 2008, le président de Géorgie pensait rester dans l'histoire avec les 472 000 euros de récompense promis à chaque champion olympique à Pékin. Mais l'Ouzbékistan et son président Islam Karimov, aux commandes d'une main de fer du pays depuis 1990, décide de faire exploser tous les records. « On ne doit jamais négliger le prestige du pays », a-t-il dit à ses athlètes avant le départ pour Rio en leur annonçant la somme astronomique de 800 000 euros à tous ceux qui rapporteraient une médaille d'or des Jeux de la 31e olympiade. On comprend mieux l'incommensurable joie des boxeurs Hasanboy Dusmatov, Shakhobidin Zoirov et Fazliddin Gaibnazarov après leurs succès, et celle tout aussi intense de l'haltérophile Ruslan Nurudinov, lui aussi sur la plus haute marche du podium. Tous couverts d'or, au sens propre comme au figuré.

Joueur compulsif – 10 août 2016

Pokemon Go. Voilà le terme à la mode en 2016. Du nom de l'application de jeux sur smartphone éditée pour que les joueurs retrouvent virtuellement les personnages du dessin animé éponyme dans des lieux bien réels. Cette application est une des passions du gymnaste japonais Kōhei Uchimura. Leader de l'équipe nipponne championne olympique deux jours plus tôt dans le concours général, et lui-même grand favori pour l'obtention du titre en individuel, Uchimura se pare d'or comme attendu ce 10 août, sous l'ovation de l'Arena Olymp*í*ca do Rio conquise par sa grâce. Mais ce que le grand public ne sait pas, c'est que Kōhei Uchimura est soucieux, malgré son double titre. Totalement addict au jeu *Pokemon Go*, le Nippon a occupé tout son temps libre à jouer depuis son arrivée au Brésil, sans changer son abonnement téléphonique, resté quant à lui sous facturation du réseau japonais.

Joint par son opérateur, Kōhei Uchimura apprend qu'il doit régler une facture de 500 000 yens, soit 4 400 euros ! Après négociation et échanges de bons procédés, l'opérateur accepte de lui réduire à 3 000 yens, soit… 26 euros. Une petite publicité du double champion olympique de gymnastique vaut bien un geste commercial !

Repère

Apparue en 1992 à Barcelone pour lutter contre le fléau mondial du sida, la distribution de préservatifs au village olympique atteint des sommets lors de ces Jeux olympiques de Rio, en 2016. L'organisation brésilienne a en effet prévu de distribuer environ 450 000 préservatifs aux 11 362 athlètes, soit une moyenne de 40 par athlète pour quinze jours de présence. L'histoire dit qu'il n'en restait plus aucun après les Jeux…

2021

Tokyo (Japon). Malédiction et huis clos…

Du 23 juillet au 8 août 2021, à Tokyo, au Japon
11 092 athlètes, 204 pays, 50 disciplines pour 339 épreuves

Pour la troisième fois de son histoire moderne, la première hors période de guerre mondiale, le rendez-vous olympique n'a pas lieu à la date prévue. Le 24 mars 2020, le Comité International Olympique annonce officiellement le report « des Jeux de la 32e olympiade à l'été 2021 ». Dans un monde encore plongé dans la crise de la Covid-19, les Jeux olympiques sont bien ouverts en juillet 2021 mais à huis clos. Du jamais vu ! Dans un désintérêt total de la population, plus de dix mille athlètes vivent la magie olympique en silence. Malgré tout, des huîtres ont bien failli faire annuler les épreuves de voile, un coureur est devenu champion olympique grâce à une bénévole…

Pirouette, cacahuète – 21 juillet 2021

À chaque olympiade, les villes hôtes rivalisent d'ingéniosité pour proposer des innovations. Les Japonais organisateurs de Tokyo 2021 ont jeté leur dévolu sur la literie pour taper dans l'œil des athlètes. Et ces lits font sensation, puisque le basketteur australien Andrew Bogut n'hésite pas une seconde à twitter : « Excellente initiative. » Mais qu'est-ce que ces lits ont de si particulier ? Déjà, ils peuvent accueillir jusqu'à 200 kilos de poids comme le précise la société Airweave, avant d'ajouter toutefois : « Il ne faut pas plus de deux personnes dedans, en simultané. » La quinzaine olympique étant réputée pour être très festive, les chambres du village abritent parfois de longues soirées. La méfiance des créateurs est légitime, puisque les lits du village olympique de Tokyo 2021 sont pensés pour réduire l'impact écologique et sont fabriqués en… carton !

Alibaba au TOP – 22 juillet 2021

Avant même le coup d'envoi des épreuves de ces Jeux de la 32e olympiade, les affaires financières sont au cœur des discussions. Et le moins que l'on puisse dire, pandémie ou pas, c'est que les comptes en banque de l'organisation japonaise sont plutôt fournis, et ce, grâce… aux Chinois ! En effet, le géant chinois du commerce en ligne Alibaba a décidé de rejoindre le TOP, *The Olympic Partner*, moyennant un droit d'entrée de 750 millions de dollars. L'idée d'Alibaba est de créer en exclusivité une plateforme de vente de produits dérivés des Jeux olympiques de Tokyo, mais aussi ceux de Paris 2024 et de Los Angeles 2028. De la suite dans les idées.

Jamais mieux servi que par soi-même – 23 juillet 2021

À la survoler, l'histoire de Privel Hinkati ressemble à celle de milliers d'athlètes qualifiés pour les Jeux olympiques tous les quatre ans. Un métier d'informaticien à Caen, en Normandie, un entraînement programmé de très bonne heure le matin, un autre pendant la pause de la mi-journée et une discipline de tous les instants. Ce quotidien, Privel Hinkati l'a depuis maintenant dix-sept ans. Mais ce 23 juillet 2021, le natif d'Hérouville-Saint-Clair, dans le Calvados, âgé de 31 ans, est entré dans l'histoire olympique. Rien de moins. La raison ? Sa présence à Tokyo, au Canal de la forêt de la mer, tout simplement. Dès 8 heures 30, vendredi 23 juillet 2021, les séries du skiff homme ont débuté avec, accolé au patronyme de Privel Hinkati, le drapeau du Bénin. Il était alors le premier athlète béninois à représenter son pays en aviron. L'issue d'une aventure extraordinaire.

Car si Privel Hinkati en est arrivé là, c'est parce que, rameur de haut niveau en France, il n'a toutefois jamais pu prétendre à se hisser en équipe de France, barré par des athlètes encore plus forts. L'idée lui est alors venue, ses origines béninoises aidantes, de créer sa propre fédération d'aviron, au Bénin. Le parcours est semé d'embûches dans un pays qui ne connaît alors même pas la discipline. Mais après des mois de préparation, la fédération béninoise d'aviron de course de pirogues et de pédalo voit le jour en 2015 ! Un immense travail couronné par une qualification pour les Jeux, en terminant cinquième de sa finale de la zone Afrique. Une consécration pour Hinkati, mais aussi pour les 47 rameurs et rameuses officiellement inscrits à la Fédération d'aviron du Bénin.

Allô, la médaille ? – 24 juillet 2021

Toujours à la pointe de la technologie, les organisateurs des Jeux olympiques de Tokyo 2021 ont décidé de frapper un grand coup dans le développement durable et le recyclage des matériaux. Ainsi, le comité d'organisation a fait les comptes. Pour fabriquer les médailles des 339 épreuves prévues, pas question d'acheter ces nobles produits d'or, d'argent et de bronze, mais plutôt de les rechercher sans avoir à les payer. Une collecte a été mise en place en 2019 partout dans le pays pour que les Japonais rapportent leurs appareils électroniques usagés. Le résultat est au-delà des espérances, puisque les Nippons participent avec fierté à cette opération en rapportant pas moins de 79 000 tonnes d'appareils électroniques, et surtout 6,21 millions de téléphones portables. Une fois recyclés, tous ces éléments ont rapporté 32 kilos d'or, 3,5 kilos d'argent et 2,2 kilos de bronze, soit 1,5 million d'euros. De quoi fabriquer toutes les médailles de l'olympiade.

Annemiek amnésique – 25 juillet 2021

À l'heure du début de la course cycliste féminine de ces 29e Jeux olympiques de l'histoire moderne, les favorites sont évidemment à chercher dans les rangs belges et néerlandais, nations fortes de la discipline, chez les dames. Le parcours, lui, n'offre aucune surprise particulière, long de 137 kilomètres au départ du Musashino-nomori Park de Chōfu dans la partie occidentale de Tokyo, avec une arrivée au célèbre circuit Fuji Speedway. La course est toutefois très rapidement lancée, puisque d'entrée, l'Autrichienne Anna Kiesenhofer tente sa chance pour une échappée matinale en compagnie de Omer Shapira (Israël), Vera Looser (Namibie) et Anna Plichta (Pologne). Quatre filles dans le vent, qui ne procurent toutefois aucune crainte au gotha des favorites.

Le peloton laisse alors l'échappée prendre le large et les Pays-Bas, équipe redoutée, est laissée à la manœuvre par les 44 autres nations engagées. Les fuyardes comptent jusqu'à onze minutes d'avance à cent kilomètres de l'arrivée. Le peloton attend encore 50 kilomètres avant de réagir réellement, et c'est la Néerlandaise Annemiek van Vleuten qui sonne la charge en contre. Avec cinq minutes de retard, mieux vaut ne plus traîner et la championne batave le sait. Mais elle est reprise par le peloton à 25 kilomètres du but tandis que les échappées se font rattraper les unes après les autres. Ainsi, quand le peloton revoit Shapira et Plichta, l'équipe nationale des Pays-Bas enclenche alors un travail d'équipe visant à faire lâcher les principales rivales de Van Vleuten au fil des kilomètres. Et l'affaire fonctionne puisque Van Vleuten attaque à quelques dizaines de mètres de l'arrivée et se défait de l'Italienne Elisa Longo Borghini pour s'en aller lever les bras et savourer l'or olympique… Mais la joie est de très courte durée. La championne du monde 2019 s'aperçoit que Anna Kiesenhofer, échappée depuis le début de course, est déjà là, entourée de tous les micros. L'Autrichienne était en effet déjà arrivée depuis plus d'une minute, sans que le peloton s'en soit aperçu !

Dégustation interdite ! – 25 juillet 2021

Au premier jour des épreuves de voile des Jeux de la 32e olympiade, les bateaux « Laser » et « RS:X » des soixante-cinq pays qualifiés, s'élancent dans la baie de Sagami. Et rien que le simple fait de pouvoir naviguer dans ce port d'Eno-Shima, déjà théâtre de ces mêmes épreuves en 1964, relève de l'exploit d'ingénierie. Depuis plus d'une année, des navires et des plongeurs s'affairent pour tenter de maintenir les flotteurs positionnés en protection du bassin olympique, par un nettoyage des structures de protection sur plus de cinq kilomètres, autour des zones de compétition. Réputée comme la zone de pêche la plus fertile de la capitale japonaise, la baie de Sagami est en effet infestée de jeunes coquillages qui se collent à tous les supports immergés et donc, risquent d'envoyer les protections par le fond. Ce ne sont ainsi pas moins de quatorze tonnes d'huîtres qui sont décollées des cylindres flottants. Le coût annoncé de l'opération est colossal pour les organisateurs, avec pas moins de 1,3 million de dollars de travaux ! Près de 100 € le kilo d'huître, sans même pouvoir les goûter…

La médaille d'or pour une bénévole ! – 5 août 2021

En ce 5 août 2021, les dernières finales des compétitions d'athlétisme prennent cours dans un stade olympique sonnant désespérément creux. Les disciplines sacrent leurs héros sous les seuls commentaires euphoriques des journalistes venus du monde entier. L'ambiance si particulière incite même à quelques errements coupables. C'est en tout cas ce dont a bien failli être victime Hansle Parchment, l'athlète de l'équipe nationale de Jamaïque. La veille, le 4 août au matin, l'athlète descend de son hôtel et monte dans son bus, direction le stade olympique. Casque sur les oreilles, Hansle Parchment est serein, lui le grand favori de l'épreuve du 110 mètres haies. Mais après une dizaine de minutes de voyage, le Jamaïcain est pris de panique. Il ne reconnait en rien le trajet habituel. Et pour cause, il s'est tout bonnement trompé de bus. Celui qui devait l'emmener au stade l'emmène en réalité au centre aquatique !

Voyant son rêve olympique s'envoler, il noue le lien avec une volontaire des Jeux qui lui indique la marche à suivre pour retrouver sa ligne. Mais le temps presse et jamais Parchment ne pourra être à l'heure pour s'enregistrer. La suite, c'est l'athlète lui-même qui la raconte sur ses réseaux sociaux : « La bénévole m'a donné l'argent nécessaire pour que je puisse prendre le taxi et arriver directement au stade olympique. Si j'avais dû prendre un autre bus, je n'aurais jamais eu le temps de m'échauffer ». Finalement arrivé dans les temps, Hansle Parchment est bien au départ de la demi-finale, dont il termine deuxième. Et en ce midi du 5 août, il surclasse la concurrence en finale pour s'offrir la médaille d'or de la discipline.

Cette médaille, il veut la partager avec sa bienfaitrice qu'il retrouve deux jours plus tard, sur la même ligne de bus, pour un moment qui restera dans les mémoires. Lui, loti d'une breloque dorée, elle, du maillot du nouveau champion olympique.

2024.

Paris
Un siècle plus tard...

Du 26 juillet au 11 août 2024, à Paris, en France
10500 athlètes attendus, 203 pays invités,
50 disciplines pour 329 épreuves

Après cent ans d'attente, la France reçoit à nouveau les Jeux olympiques d'été dans sa capitale, Paris. Dans un contexte international tendu, cette 33e édition – la 30e de l'ère moderne – va devoir naviguer entre innovations, parité et créativité. La Dame de fer dans les médailles, la cérémonie d'ouverture hors stade ou encore de nouveaux sports commentés par des consultants-stars inattendus, de quoi vivre une quinzaine sportive pour l'histoire.

En plein cœur – 8 février 2024

À chaque olympiade, les médailles sont autant convoitées que commentées. Et chaque pays organisateur rivalise d'imagination pour que l'objet symbole reste dans les esprits de tous. Pour ces 30e Jeux olympiques d'été de l'histoire, la France et Paris ont pris un parti pour le moins inattendu. Le 8 février 2024, à 170 jours de l'ouverture des JO, c'est la maison Chaumet qui a dévoilé la création française. Pour le joaillier mondialement reconnu, il s'agissait de présenter un objet unique et mémorable. Le choix s'est donc porté sur des médailles traitées telles des bijoux en or, argent et bronze, bijoux portant en leur cœur, non pas une représentation de Paris, mais carrément un morceau de Paris. Les créateurs ont en effet intégré, dans chacune des 987 médailles à gagner, un fragment de la tour Eiffel puisé dans des poutres puddlées en 1888, en Meurthe-et-Moselle. Certificat d'authenticité à l'appui, bien entendu !

Envoyé (très) spécial – 26 juillet 2024

L'annonce a été faite à quelques mois des Jeux olympiques de Paris 2024 : la chaîne de télévision américaine NBC, qui couvrira la totalité de l'événement, a dévoilé la composition de ses équipes qui iront en France à compter du 26 juillet 2024, pour rendre compte des exploits des 700 athlètes des États-Unis qui concourront dans chacune des disciplines proposées. Et un nom, celui d'un consultant, a fait le tour du monde instantanément : Calvin Cordozar Broadus Junior. « *Il nous donnera son point de vue sur ce qui se passe à Paris, ira voir les lieux emblématiques de la ville, assistera aux compétitions et rencontrera les athlètes, leurs amis et leur famille* » a officialisé la chaîne basée à New York. Le concerné a confirmé en disant simplement : « *J'ai grandi en regar-*

dant les Jeux olympiques et je suis très enthousiaste à la perspective de pouvoir suivre tous ces incroyables athlètes à leur meilleur niveau. La compétition sera fabuleuse, j'apporterai ma touche ». Dernière précision : Calvin Cordozar Broadus Junior n'est autre que le controversé rappeur américain aux 40 millions d'albums vendus dans le monde Snoop Dog.

La Seine olympique – 26 juillet 2024

Dire que la Seine sera un des lieux les plus attendus des Jeux olympiques de la 33e olympiade peut paraître assez incongru. Ni un terrain de sport, ni un stade, ni même surtout une piscine, quand on sait que le fleuve qui sillonne dans Paris n'est plus autorisé à la baignade depuis l'année 1923. Et pourtant, les organisateurs ont décidé de positionner les épreuves de natation en eau libre et de triathlon dans la Seine.

Un défi qui paraissait encore impossible à relever à quelques mois de l'échéance, tant assainir le cours d'eau pour le rendre propre au contact humain est une mission tenant du miracle. De prodige, il n'y aura en revanche pas besoin pour y conduire des centaines de bateaux qui serviront à transporter les 10 500 athlètes des 204 pays en lice sur six kilomètres de distance, à l'occasion de la cérémonie d'ouverture, le vendredi 26 juillet 2024, avec 320 000 spectateurs prévus. De quoi placer la Seine sur le devant de la scène et pour la première fois de l'histoire, sortir la cérémonie d'une enceinte sportive.

Neuf jours au bout du monde – 27 juillet 2024

Un siècle après en avoir été évincé, le surf est revenu en démonstration des Jeux olympiques en 2021, à Tokyo, et réintègre le programme officiel à l'occasion de Paris 2024. Notée par des juges sur la qualité et la vitesse des figures exécutées par les hommes et les femmes en compétition, cette discipline, totalement dépendante des conditions météorologiques, est prévue pour être disputée pendant quatre jours, dans une fenêtre de neuf jours, en fonction de la qualité des vagues.

Grâce à ce sport, la France et l'organisation de Paris 2024 vont battre un record de distance entre deux épreuves puisque les compétitions prendront place à Teahupo'o, sur la côte sud-ouest de l'île de Tahiti, en Polynésie, soit à 15 706 kilomètres du lieu abritant officiellement les Jeux olympiques. Le dernier record datait de 1956 où les épreuves d'équitation prévues à Melbourne s'étaient déroulées à… Stockholm, en Suède, à 15 500 kilomètres.

La marche pour l'Histoire – 10 août 2024

À l'heure de la clôture des Jeux olympiques de Paris 2024, tous les regards seront tournés vers les marathoniens et marathoniennes qui boucleront le menu des 329 épreuves au programme, par leurs exploits. Le 10 août 2024, avant même de savoir qui va succéder aux Kenyans Eliud Kipchogue et Peres Jepchirchir, c'est surtout le parcours de ce marathon olympique qui va faire parler, et pas sur le plan sportif. Car ce marathon des JO de Paris est avant tout un périple pour et avec l'histoire. Ainsi, il partira du parvis de l'Hôtel de Ville de Paris, passera par l'Opéra, la place Vendôme, le Louvre, la Concorde, le Grand Palais, les ponts de la Seine et les jardins du Trocadéro pour arriver au château de Versailles. Cette succession d'étapes a marqué l'histoire de France puisqu'il s'agit tout simplement du parcours exact de la « Marche des Femmes » des 5 et 6 octobre 1789, quand des milliers de Parisiennes ont défilé pour protester contre le manque de vivre et réclamer du pain. Mais pas seulement. Cette marche est à l'origine de réformes politiques, comme la ratification des décrets relatifs à la Constitution et à la Déclaration des droits de l'homme et du citoyen. Rien de moins !

Repère

Si Tokyo 2021 avait promis de tendre vers la parité avec un total de 48,1 % d'athlètes féminines, c'est bien l'édition des Jeux de Paris 2024 qui va atteindre pour la première fois cet objectif majeur du sport mondial avec la parité complète de 5250 athlètes hommes attendus et autant d'athlètes femmes. Paris est à nouveau l'objet d'une évolution concernant le sport féminin puisque les dames ont été autorisées à participer aux JO à partir de 1900... à Paris !

Journaux/Sites web

- Daily Mail
- Daily Telegraph
- Le Figaro
- *Le Matin*, (Suisse).
- Le Parisien
- Le Point
- Les Échos
- Libération
- Ouest-France
- abc.com
- cnewsfr
- hajde.fr
- lesolympistes.com
- marcolympics.org
- Olympedia.org
- pierrelagrue-jo.com
- popnsports.com
- radio-canada.ca
- sport24.com
- sports-reference.com
- zerty.chez-alice.fr
- Université autonome de Barcelone

Livres :

- Arvin-Bérod Alain, *Les Enfants d'Olympie*, Cerf, 1996 (p. 27-40).
- Bailey Steve, *Athlete First: A History of the Paralympic Movement*, Wiley–Blackwell, 2007.
- Bolt Usain, *Plus rapide que l'éclair*, Arthaud poche, 2016.
- Lagrue Pierre, Le Siècle olympique. Les Jeux et l'Histoire (Athènes, 1896-Londres, 2012), Encyclopaedia Universalis, 2015.
- Wallechinsky David, Loucky Jaime, *The Book of Olympic Lists*, Aurum Press, 2012.

Retrouvez-nous sur les réseaux sociaux :

City Editions

www.city-editions.com
@cityeditions
www.facebook.com/cityeditions/
@CityEditions
@cityeditions

Achevé d'imprimer en juin 2024
sur les presses de la Nouvelle Imprimerie Laballery
58500 Clamecy

Numéro d'impression : 405321

Imprimé en France

La Nouvelle Imprimerie Laballery est titulaire de la marque Imprim'Vert®